AF762557

www.ingramcontent.com/pod-product-compliance
Lightning Source LLC
LaVergne TN
LVHW010817051026
849532LV00007B/2553
* 9 7 8 9 3 6 9 0 8 4 9 4 4 *

ہند کی اردو صحافت

(تعمیر نیوز ویب پورٹل کے منتخب مضامین)

صحافت سیریز:2

مرتب:

مکرم نیاز

Hind ki Urdu Sahafat

by: Mukarram Niyaz

Edition: October '2025

Publisher :

Taemeer Publications LLC (Michigan, USA / Hyderabad, India)

ISBN 978-93-6908-494-4

کتاب	:	**ہند کی اردو صحافت**
مرتب	:	**مکرم نیاز**
صنف	:	غیر افسانوی نثر
ناشر	:	تعمیر پبلی کیشنز (حیدرآباد، انڈیا)
سالِ اشاعت	:	۲۰۲۵ء
صفحات	:	۱۲۲
سرورق ڈیزائن	:	تعمیر ویب ڈیزائن

فہرست

پیش لفظ

ہند میں اردو صحافت کا سفر

مکرم نیاز

مطالعہ کی تاریخ پر جب طائرانہ نظر ڈالی جائے تو معلوم ہوگا کہ اس کا سفر تین عظیم، تاریخی و ادب ساز ادوار سے عبارت ہے، جنھوں نے انسانی دل و دماغ کو مسحور کیا اور علم و حکمت کو فروغ دیا۔ سب سے پہلا دور وہ تھا، جب کاغذی صفحات، رسائل اور اخبارات علم و عرفان کے چراغ تھے، جو مدھم روشنی میں انسان کے رب کا راز افشا کرتے تھے۔ یہ زمانہ اپنی سادگی، اپنی اخلاقیات اور خلوص کی یادگار سمجھا گیا، مگر رفتہ رفتہ زمانہ تبدیل ہونے لگا۔

پھر وہ عہدِ طلوع ہوا، جب انٹرنیٹ کا جادو ہر زبان کے قاری پر سایہ فگن ہوا۔ اپنی برق رفتاری اور بے مثال وسعت کے ساتھ، علم و آگاہی کا یہ سمندر گویا ہر قاری کی انگلیوں کی زینت بن گیا۔ ایک کلک سے ایک نئی دنیا، ایک جھلک سے دوسری حقیقت، اور ایک لمحے کا کچھ حصہ، قارئین کو بے پناہ وسیع اور دلکش دنیاؤں کا مسافر بنا گیا۔ دراصل یہ ایسا انقلابِ عظیم تھا، جو علم و شعور سے لبریز اسبابِ زندگی بن گیا۔

تیسری اور سب سے زیادہ حیرت انگیز تبدیلی سوشل میڈیا کی شکل میں نمودار

ہوئی۔ ایک ایسی دنیا، جہاں فاصلے مٹ گئے، اور خیالات و احساسات کی سرائیں، عقل و شعور کے میدان آباد کرنے لگیں۔ ہر فرد، ادارہ، قوم، ایک دوسرے کے قریب، اور ایک دوسرے کے ہم نوا ہو گئے۔ یہ میدان عمل، تعلیم، اصلاح اور سماجی بیداری کے قافلے کا ایسار ہنما باور کیا گیا جو تاریکی کے خلاف علم نور بلند کرتا ہے۔

اسی فضا میں، ۲۰۱۲ء کے اواخر میں 'تعمیر نیوز' کے افق کو روشن کیا گیا، تاکہ اردو ادب و صحافت کے اس بحر بے کنار کو ایک جہانِ تنقید و تصور میں تبدیل کیا جا سکے۔ تیرہ سال کے اس سفر نے یہ باور کرایا ہے کہ اردو زبان کا یگانہ لہجہ، اس کے بلند خیال اور اس کے پیغام، امتزاجِ علم و فن میں ہی زندہ رہ سکتے ہیں۔

اس کتاب میں 'تعمیر نیوز' سے اخذ کردہ ایسے مضامین کو شامل کرنے کی ممکنہ کوشش کی گئی ہے جو اردو ادب و صحافت کے منفرد و متنوع موضوعات کا احاطہ کرتے ہوئے قاری کی مناسب علمی و سماجی رہنمائی کا فرض بھی انجام دے سکیں۔ یہ کتاب "**ہند کی اردو صحافت**" کے سلسلے کا دوسرا حصہ ہے۔

یکم / اکتوبر ۲۰۲۵ء

حیدرآباد (تلنگانہ، انڈیا)

ا

حقانی القاسمی : نئی نسل کے قلمکار نقاد صحافی و مبصر

فاروق ارگلی

نئی نسل کے نامور قلمکار، منفرد نقاد، صحافی و مبصر حقانی القاسمی کو بیس بائیس برسوں سے جانتا ہوں، مگر سچے دل سے اعتراف کرتا ہوں کہ انہیں آج تک پہچان نہیں سکا۔ راقم تو خیر اردو کا ایک ادنی سا تذکرہ نگار ہے، خبر نویس کہہ لیجئے لیکن عہد حاضر کے اس عبقری کو پوری طرح پہچان سکنے کا دعویٰ تو اسناد و مناصب کی زرکار خلعتوں میں ملبوس دانشوری کے لئے بھی آسان نہیں۔ اس دور صارفیت میں علم و فضل کی سیلز مین شپ، برانڈنگ اور مارکیٹنگ کی فضاؤں میں حقانی شاید اردو دنیا کی واحد شخصیت ہیں جو ڈاکٹری اور پروفیسری کے طرہ ہائے امتیاز کے بغیر علم و آگہی کی عصری خانقاہ کے ایسے بوریہ نشین درویش ہیں جن کے علمی، فنی اور فکری تصرفات و تخلیقی کمالات کے سامنے اقلیم ادب کی دنی ساز سلطانی و تاجداری سر نیاز خم کرنے پر مجبور ہے۔

ممکن ہے کچھ جبینوں پر اس بات سے شکنیں نمودار ہو جائیں لیکن یہ حقیقت ہے کہ اردو تنقید کی تاریخ میں حالی سے لے کر عہد فاروقی و نارنگی تک ایسی مثالیں بہت کم

دیکھنے میں آتی ہیں جب کوئی نو عمر طالب علم گروہی وجماعتی نظریات اور مروجہ روایات کی تقلید سے الگ وجداگانہ شان کے ساتھ اپنی خداداد ذہانت، غیر معمولی بصیرت اور تخلیقی وجدان کے بل بوتے پر ایوان ادب میں متمکن کاملین نقد و نظر کے درمیان وہ خاص مقام حاصل کرلیا ہو جہاں پہنچنے میں عمریں صرف ہو جاتی ہیں۔ عصری ادب میں حقانی کا اختصاص یہ بھی ہے کہ انہوں نے ہندوستان جیسے ملک میں اردو زبان اور تہذیب کی زبوں حالی کے اس پر آشوب زمانے میں اس پر شکوہ زبان کو اس کے فطری حسن و جمال اور اس کی شاندار فصاحتوں، بلاغتوں اور سلاستوں کو اپنی تخلیقی مشاگی اور رنگارنگی لعل و گہر سے سجاکر اس طرح دنیا کے سامنے پیش کرکے اردو کے مٹ جانے کے وہم کا شکار ذہنوں کو بشارت دی ہے کہ سیاست زمانہ کی ستم ظریفانہ سطحیت، سوقیت اور جہالت کی خاک اڑاکر مشترکہ تہذیب کے اس آفتاب عالم تاب کو کبھی دھندلا نہیں کر سکتیں جسے اردو کہتے ہیں۔

تخلیقی ادب کی صحت و زندگی میں تنقید معالج اور جراح کا کردار ادا کرتی ہے، تنقید تخلیق کو کڑوی دوا پلاتی ہیاور بے رحمانہ چیر پھاڑ بھی کرتی ہے، یہ اس کے فرائض منصبی کا حصہ ہیں۔ ادب کے ہر نقاد کا اپنا اپنا زاویہ نظر ہوتا ہے اس کے پاس ملکی، غیر ملکی آلات جراحی، مختلف رویے، رجحانات، میلانات اور میزانات ہوتے ہیں جن کے مطابق وہ شعری، نثری تخلیقات کی جانچ پرکھ کرکے اپنے اخذ کردہ نتائج کا اظہار کرتا ہے۔ تنقیدی رویے، روشیں، میزان و پیمانے، مختلف تاریخی، سیاسی، تمدنی محرکات سے تیار ہوتے ہیں۔ ناقدین عصر اپنی پسند اور رجحانات کے مطابق ان روشوں اور پیمانوں کو اپنے تنقیدی عمل کا وسیلہ بناتے ہیں۔ اس عمل میں غیر معمولی مطالعہ، قوت مشاہدہ اور ادبی بصیرت و بصارت درکار ہوتی ہے۔ تخلیقی ذہن منصفانہ فکر و نظر، تنقید نگار کو اعتبار و قبولیت عطا کرتی ہے۔

لیکن تنقید کو بھی تنقید کا شکار ہو کر رد و قبول کے مراحل سے گزرنا ہوتا ہے۔ اردو تنقید کے ہر دور میں ایسے مناظر ادب کا حصہ بنتے آئے ہیں۔ کوئی نہ کوئی تنقید کسی نہ کسی تنقید سے ہمیشہ مصروف پیکار رہتی ہے لیکن یہ عمل ہی ادب کی بالیدگی، ارتفاق، اور ارتقا میں کلیدی رول بھی ادا کرتا ہے۔ اس صنف شریف کی اہمیت اور ضرورت ہر دور میں لازم و ملزوم ہے لیکن موجودہ مشینی اور کاروباری زمانہ میں جس طرح ہر شعبہ حیات میں اخلاقی قدروں کا زوال ہوا ہے، خود غرضی، مفاد پرستی، احباب و اقرباپروری اور حرص و ہوس کی گرم بازاری ہے اس کے اثرات علم و فن اور تخلیقی و تنقیدی دنیا میں در آئے ہیں، اپنے عہد کی تنقید کی اس صورت حال پر خود حقانی القاسمی کا یہ تجزیہ بے حد معنی آفریں ہونے کے ساتھ ساتھ ان کے تنقیدی رجحانات کی تفہیم کا موقع بھی فراہم کرتا ہے۔

"دراصل تخلیق کی تشخیص دشوار عمل ہے۔ ایک تنقید نگار کی ناقص تشخیص سے اچھی طرح صحت مند تخلیق بھی بیمار بن جاتی ہے اور بیمار تخلیق بھی صحت مند قرار پاتی ہے۔ یہ سب ذہنی تعصبات کا کھیل تماشہ ہے جو تنقید کے نام پر رائج ہے۔ تنقید کوئی بازیچہ اطفال نہیں ہے، اس کے لئے بہت ریاضت کرنا پڑتی ہے، کسی بھی تخلیق کی Grace اور Glory کی شناخت کے لئے ذہن کی بہت سی ریاضتوں سے گزرنا پڑتا ہے اور شعور کی کئی سطحوں پر تخلیق سے مواصلت اور مخاطبہ کے بعد بھی صورتحال واضح ہوتی ہے۔ زیادہ تر تنقید نگار اس Gene کو دریافت کرنے میں ناکام رہتے ہیں جس سے تخلیق کے مزاج کا ادراک ہو سکے۔ معنیاتی انکشاف یا مفاہیم کی نقاب کشائی کے لئے بھی اسی دردِ زہ کی کیفیت سے گزرنا پڑتا ہے جس سے ایک تخلیق کار گزرتا ہے کیونکہ معنی کا معشوق ہمیشہ اپنا نقاب نہیں اٹھاتا۔ پھر سوال شعور کا بھی ہے، تنقید نگار شعور کی کس سطح پر ہے اگر اس کے شعور کا Negative Pole زیادہ متحرک ہے تو اس کی تنقید منفیت زدہ ہوگی

اور اگر Positive Pole فعال ہے تو تنقید میں اثبات کا عنصر ہو گا۔ ممکن ہے کہ تنقیدی نگارشوں کی اس سطح پر جہاں اس کے لئے غلط اور صحیح کا امتیاز مشکل ہو، خاص طور پر جب ذہن پر تمس کی کیفیت طاری ہو تو اس وقت غلط اور صحیح کا امتیاز مٹ جاتا ہے، جہالت اور ظلمت کی دبیز تہہ میں دبا ہوا ذہن خرد کو جنوں اور جنوں کو خرد میں تبدیل کرنے کا تماشہ دکھاتا رہتا ہے۔ پھر معاملہ یہ بھی ہے کہ معنیاتی اکتشاف کے لئے جس ذہن رسا اور دیدہ بینا کی ضرورت ہے وہ ناپید ہے۔ آج کی تنقید کنفیوژن، التباس، وہم اور مفروضہ سے عبارت ہے۔ ابہام اور عدم وضاحت اس تنقید کے وصف خاص ہیں۔ عصری ادب کے ارسطوؤں اور افلاطونوں میں ابلاغ و ترسیل کی قوت نہیں ہے، ان کی تحریروں میں کوئی اور زیادہ نظر آتا ہے۔ اپنی آنکھیں اور اپنا ذہن کم۔ "(تنقید کی تصغیر کولاز، ص ۱۲)

آٹھویں دہائی سے حقانی القاسمی کے تنقیدی مقالات اور تبصرے ملک و بیرون ملک کے موقر ادبی جرائد میں مسلسل شائع ہو رہے ہیں۔ ہندو پاک کے بڑے جرائد کے علاوہ مخزن (برطانیہ) سفیر اردو (لیوٹن) زاویہ (سویڈن) پرواز (لندن) شہرزا (لندن) وغیرہ میں ان کی تحریریں اہتمام کے ساتھ شائع ہوتی رہی ہیں۔ پورے ادبی منظرنامے کو انہوں نے اپنی تنقید کے حصار میں لیا ہے۔ تمام عہد ساز شعراء اور فکشن نگاروں کے ساتھ ساتھ نقادوں، محققوں اور اہل دانش پر پورے ادبی خلوص کے ساتھ اظہار رائے کیا ہے۔ ان کے تنقیدی مقالات کے مجموعے سلطین کے چار شعراء (۱۹۹۵) طواف دشت جنوں (۲۰۰۳) لاتخف (۲۰۰۴) خوشبو روشنی رنگ (۲۰۰۹) شکیل الرحمن کا جمالیاتی وجدان (۲۰۱۰) بدن کی جمالیات (۲۰۱۰) تنقیدی سمبولاز (۲۰۱۲) اور ادب کولاز (۲۰۱۴) میں ان کا تنقیدی جلال اور جمال اس طرح مطلع ادب پر ہویدا ہوا ہے کہ بہت سے روشن ستارے دھندلے نظر آنے لگے ہیں۔ بہت سی حقیقتیں واہمہ ہوئی ہیں اور

بہت سے مفروضے باطل قرار پائے ہیں۔ وہ اپنی تنقید کو تخلیقی تنقید کا نام دیتے ہیں جو پوری طرح حق بجانب ہے۔ وہ فن پارے کے ظاہری حسن و قبح پر طائرانہ نظر ڈال کر ہی فیصلہ صادر کرنے والے نقاد نہیں ہیں، وہ متن کی تہہ میں پوری گہرائی تک اتر کر معنی و مفاہیم کے گرانقدر لعل و گہر کے ساتھ ہی بے قیمت خزف ریزوں سے بھی شناسائی کرنے کا ہنر جانتے ہیں۔ تخلیق کے پورے تہذیبی، مذہبی، اخلاقی، تاریخی، اور جغرافیائی پس منظر کا جائزہ اس طرح لیتے ہیں کہ تنقید تخلیق کی سرحدوں میں داخل ہو جاتی ہے۔ وہ اقوام عالم کی تہذیب، تمدن، مذاہب، ادب، فنون اور معاشرت کی جانکار ہیں۔ انگریزی، عربی، فارسی، ہندی اور سنسکرت کے ادب پر ان کی گہری نظر ہے۔ وہ قاسمی ہیں یعنی فاضل دیوبند ہیں۔ اسلامیات اور عربی زبان و ادب ان کی شخصیت کا جزو خاص ہیں۔ قدیم و جدید عربی ادب کی وسیع و عریض کائنات ان کی جولانگاہ ہے، ان کی تحریروں میں عربی و فارسی کے جدید اور اسطوری زبان و ادب کے فلیور نے ان کی تخلیقی و تنقیدی نثر کو اس قدر پر شکوہ، باوقار اور بلیغ بنا دیا ہے کہ اردو دنیا میں ایسا نثار تلاش کرنا مشکل ہے۔ ان کی تنقیدی کتاب طوافِ دشت جنوں، پر عالمی شہرت یافتہ دانشور ڈاکٹر انور سید کی رائے حقانی کے اسلوب نقد کا بہتر تعارف ہے:

"حقانی القاسمی نے اپنی تنقید کو تخلیقی قرار دیا ہے جو اس حقیقت کا اظہار ہے کہ وہ فن پارے کا صرف تصریحی مطالعہ نہیں کرتے بلکہ مصنف کے باطن میں اتر کر اس کرب کو بھی محسوس کرت ہیں جو تخلیق کے لمحے میں اس نے محسوس کیا تھا اور پھر حقانی القاسمی تخلیق مکرر کے عمل سے گزرتے ہیں اور مصنف کے تخلیقی عمل کا حصہ بن جاتے ہیں۔ اس کتاب کے ادبی اسلوب پر بنارس اور دیوبند کی چھتری تنی ہوتی ہے لیکن علی گڑھ بھی ہر ورق پر روشنی بکھیرتا نظر آتا ہے۔ حقانی القاسمی کی نکتہ آفرینی خلیل الرحمن اعظمی

جیسا، نوک خار سے لکھنے کا انداز، فضیل جعفری جیسا اور دوٹوک بات کرنے کا طریقہ، وارث علوی جیسا ہے لیکن مجموعی فضا گوپی چند نارنگ کی طرح استوار ہوتی نظر آتی ہے۔ وہ اپنے گمبھیر مطالعہ کی اساس پر اپنی انفرادیت منواتے اور اپنی ٹکسال کا سکہ خود ہی جاری کر دیتے ہیں، اس کتاب کے بیشتر مضامین پہلے متاثر اور پھر مرعوب کرتے ہیں لیکن آخر میں قاری مغلوب ہو جاتا ہے۔" (ڈاکٹر انور سدید، تخلیق، لاہور، اپریل ۲۰۰۶)

حقانی القاسمی کا تنقیدی افق بہت وسیع، افقی اور عمودی ہے۔ ان کی تازہ ترین کتاب ادب کولاژ مقالات کا مجموعہ نہیں بلکہ ایک آئینہ ادب نما ہے۔ انہوں نے اس کتاب میں عظیم ادیبوں، شاعروں، نقادوں، شاعری اور فکشن ہی نہیں بلکہ نامور مصوروں راجہ روی ورما اور صادقین کے لافانی آرٹ اور ان کے تخلیقی عوامل پر محققانہ بحث کی ہے، یہ ایسا موضوع ہے جس پر قلم اٹھانا کسی بھی علمی ادبی قلمکار کے لئے کارِ دارد ہے۔ فن مصوری سے پوری طرح آگاہ قلمکار ہی اس سے انصاف کر سکتا ہے۔ اس کتاب میں تالیثیت اور اردو شاعری شاعرات اور خواتین افسانہ نگاروں کے فن پر ناقدانہ تجزیات کے ساتھ ہی انہوں نے انسانی وژن اور تخلیقی نفسی حرکیات اور نسائی حسیت کے ابعاد پر جو کچھ سپرد قلم کیا ہے وہ انہیں نسائی ادب ہی نہیں، نسوانیات کے ماہران کی صف میں کھڑا کرنے کے لئے کافی ہے۔

دراصل نسائیت اور تانیثیت ان کا نہایت پسندیدہ موضوع ہے، یہاں وہ ایک نقاد سے زیادہ ماہر نفسیات اور نسائی فطرت وجبلت کے نباض کی حیثیت سے سامنے آتے ہیں۔

ان کی کتاب طوافِ دشت جنوں، میں شامل ان کے ایک مقالے، خوابوں کے کن رہزنوں سے سراغ پوچھیں، میں ادا جعفری کی خود نوشت جو رہی سو بے خبر رہی، پر جس نہج سے ناقدانہ نگاہ حقانی صاحب نے ڈالی ہے اس کا تجزیہ پروفیسر علیم اللہ حالی نے تفصیل

سے کیا ہے:

" حقانی القاسمی، نے جو رہی سو بے خبری رہی، کا مطالعہ پیش کرتے ہوئے ایک طرف اپنی عالمانہ شخصیت کو خوبصورتی کے ساتھ اجاگر کیا ہے تو دوسری طرف اس تحریر میں اس Involvement کا عکس بھی نظر آتا ہے، جو خود نوشت پڑھتے ہوئے ایک مرد قاری محسوس کرتا ہے۔ یوں بھی نسائی رنگ کی پہچان کرنے اور کرانے میں حقانی القاسمی کے اظہار و بیان میں ایک پر کشش روانی پیدا ہو جاتی ہے۔ ایسے موقعوں پر ان کی تحریر، گرمیوں میں گھنیری چھاؤں اور سردیوں میں گلابی دھوپ کی طرح ہو جاتی ہے، ان کی تحریر میں راگ ملہار، جیسی نثر کی شگفتگی اور تازگی پیدا ہو جاتی ہے۔ اردو شاعری کے نسائی رنگ کا جائزہ لیتے ہوئے حقانی اسی انہماک اور دلچسپی کا مظاہرہ کرتے ہیں (چلی ہے تھام کے بادل کے ہاتھ کو خوشبو) انہوں نے کشور ناہید، فہمیدہ ریاض، سارہ شگفتہ اور پروین شاکر کے شعری اظہارات کا مطالعہ کرتے ہوئے اس ذائقے کا عرفان دینا چاہا ہے جو ایک مرد خواتین کی اس نفسیات کو پڑھنے کی کوشش کرتا ہے جس میں جنسی ہیجان کی پردہ داری اور پردہ دری کے دو آتشہ کی کیفیت ہوتی ہے۔ ایک دوسرے مضمون، تخلیق کے نفسیاتی رنگ، میں بھی حقانی نسائی نفسیات کی پیچیدہ تہوں تک پہنچنے میں ایک مخصوص حظ محسوس کرتے ہیں، انہوں نے بڑی سچائی سے اس کیفیت کا اظہار کیا ہے۔ مجھے عورتوں کی آپ بیتیاں Fascinate کرتی ہیں اور ایسا لگتا ہے عورتوں کے باطنی مدوجزر میں جھانکنا ان کی تنہائیوں، اداسیوں اور درد کے ساتھ ساعتیں گزارنا۔ حقانی کی خوبی یہ ہے کہ وہ اپنے وسیع تر مطالعات کو اتنے خوبصورت سیاق وسباق میں پیش کرتے ہیں کہ کہیں پر علم کے بیجا اظہار کا شائبہ نہیں ہوتا۔ نسائی آپ بیتیوں کے رنگ و آہنگ اور ان کی دلکشی کا ماجرا بیان کرتے ہوئے وہ رسیدی ٹکٹ، (امرتا پریتم) بری عورت کی کتھا (کشور

ناہید) ڈگر سے ہٹ کر (سعیدہ احمد) جو رہی سو بے خبری رہی(ادا جعفری) خانہ بدوش(اجیت کور)جو کہا نہیں گیا(نفیس بانو شمع)وغیرہ کا ذکر بھی کرتے ہیں، گویا وہ اپنے موضوع کو وسیع تر اسلوب میں پیش کرنے کا ہنر جانتے ہیں۔ اس ضمن میں فارسی شاعرہ فروغ فرح زاد، تسلیمہ نسرین، تہمینہ درانی اورIsadoradunacaکا ذکر بھی آجاتا ہے۔ حقانی کی تحریر کی جامعیت اور اس کاExhaustivenessہر باشعور قاری کو متاثر کرتا ہے۔ حقانی القاسمی بدن کی جمالیات کے کامیاب وکیل ہیں، اس میدان میں ان کا کوئی ثانی نہیں۔" (حقانی القاسمی کا انداز نقد، طواف دشت جنوں کی روشنی میں)

یہ ایک ادبی حقیقت ہے کہ حقانی القاسمی آزادی نسواں کے شدت کے ساتھ حمایت کرنے والوں میں سے ہیں۔ فارسی کی معروف شاعرہ فروغ فرح زاد کی نظم سرکشی کے تنقیدی جائزے میں ان کے یہ نظریات آزادی نسواں کے تئیں ان کے وسیع نظریے اور روشن خیالی کا واضح اظہار ہیں۔

جاگیر دارانہ مردانہ مذہبی نظام میں عورت، متاع حقیر ہی رہی۔ وہ مردوں کی ملکیت اور جائداد منقولہ ہی رہی اور کبھی کبھی تو اجتماعی ملکیت قرار پاتی تھی۔ اس کی خرید و فروخت ہوتی تھی دختر کشی کا رواج تو ایک زمانے تک رہا، جس کا واضح مطلب ہے کہ بیٹی باپ کی ملکیت ہے۔ وہ جس طرح چاہے اسے فروخت کر سکتا ہے۔ پچاس مثقال چاندی میں لڑکی کو فروخت کر دینا تو ایک دستور رہا ہے۔ بدھشٹر کا دریودھن سے جوا کھیلتے ہوئے اپنی بیوی دروپدی کو داؤ پر لگا دینا بھی اس حقیقت کا اشارہ ہے کہ بیوی ملکیت اور جائداد سمجھی جاتی تھی۔ اس کی کوئی آزادانہ حیثیت نہیں تھی، اس کی ساری توانائیاں خانگی امور میں صرف ہوتی رہیں۔ اس کا تخلیق تفاعل صرفMaternityتک محدود رہا۔ سماجی ارتباط کی ساری راہیں بند تھیں۔ تعلیم سے محرومی اور جہالت کے زور نے عورت کے وجود

کو اور بھی خستہ اور شکستہ کر دیا۔ اس شکستگی اور خستگی نے عورتوں کے وجود میں ایک اضطراب پیدا کیا اور یہی اضطراب آگے چل کر آزادی نسواں کے سیل بلا میں بدل گیا۔ اب منظر نامہ تھوڑا بدلا ہے اور چیخ و پکار نے عورت کو آزادی بھی عطا کر دی ہے۔ ہمارے عہد کی عورت گو کہ مکمل طور سے خود مختار نہیں ہے، مگر ایک بڑا حصہ آزادی کی آسائشوں سے لطف اندوز ہو رہا ہے۔ گویا نسائی وجود کے مسئلہ کو اب تغیر زماں و مکاں کے تناظر میں دیکھا جانا چاہئے۔ نسائی وجود کے عروج و زوال کو بھی قوموں، مذہبی زبانوں، ملکوں اور انسانی تاریخ سے مربوط کر کے دیکھیں تو صورت حال کچھ زیادہ ناگفتہ بہ نظر نہیں آئے گی۔ سارا منظر نامہ نظام کی دین ہے اور نظام بدلتے ہیں تو قدریں بدل جاتی ہیں۔" (نسائی وژن اور تخلیقی نفسی حرکیات، ادب کو از، ص ۲۱۷)

حقانی القاسمی کے تنقیدی مقالات بہت طویل نہیں لیکن ہر مقالہ اس قدر جامع اور مکمل ہے کہ ایک مبسوط کتاب کا درجہ رکھتا ہے۔ یہ میری نہیں بہت سے زعمائے ادب کی رائے ہے۔

ڈاکٹر شکیل الرحمن نے نہ صرف ہندوستان بلکہ دنیا کی بیشتر اقوام کی جمالیات پر ایسے عظیم الشان تحقیقی کارنامے انجام دیئے ہیں جو اردو ہی نہیں دنیا کی کسی بھی زبان میں اس کی نظیر موجود نہیں ہے۔ وہ اتفاق رائے سے واحد اور منفرد ماہر جمالیات تسلیم کیے جاتے ہیں۔ شکیل الرحمن کا جمالیاتی وجدان لکھ کر حقانی نے خود کو عالمی سطح کے جمالیاتی محقق و مبصر کا مقام حاصل کر لیا ہے۔

حقانی القاسمی کا دائرہ فکر و فن نقد و تحقیق تک محدود نہیں ہے، ان کی تخلیقی فتوحات کا دائرہ کتنا وسیع و عریض ہے اس کا زندہ ثبوت ان کی معرکۃ الآراہ تصنیف، رینو کے شہر میں، ایک ایسا شاہکار ہے جو خود مصنف کے جذبات و احساسات کا آئینہ ہے۔ اپنی مٹی اور

اپنی جڑوں سے انسانی روح کی وابستگی اور محبت کی آفاقی دستاویز ہے جب کہ یہ خود ان کے وطن اررریہ (پورنیہ، بہار) کا ایک سفر نامہ ہے۔ ریاست بہار کا یہ خطہ، ارض ہندی بھاشا کے عظیم ناول نگار پھنیسور ناتھ رینو کا بھی وطن ہے، جو حقانی کے والد کے دوست بھی تھے۔ حقانی نے اپنی تمام تر تخلیقی روحانیت کے ساتھ مردم خیز ضلع اررریہ کی عظمتوں کو اردو دنیا سے متعارف کرایا ہے، جہاں آج بھی علم و ادب اور شعر و سخن کے چرچے ہیں۔ یہ کتاب بظاہر ایک رپوتاژ کہی جاسکتی ہے لیکن یہ بیک وقت ایک سفر نامہ، ایک خوبصورت جذباتی ناول، اس قدیم علاقے کی تاریخی و تہذیبی جغرافیائی دستاویز کے ساتھ ساتھ وہاں کے اردو، ہند اور مقامی بولی کے ادیبوں اور شاعروں کا تذکرہ بھی ہے، لیکن ان سب سے الگ یہ مادر وطن کی دھرتی سے فطری جذباتی لگاؤ اور بے گھر ہو جانے کے کرب کو درشاتی ایسی داستان ہے جس کا پھیلاؤ اررریہ یا بہار تک محدود نہیں رہتا بلکہ یہ دنیا کے ہر اس انسان کی سرگزشت بن جاتا ہے جسے وقت نے اپنی مٹی کے لمس سے محروم کر دیا ہو۔ حقانی کے کارناموں کی فہرست خاصی طویل ہے لیکن ان کے بارے میں جاننے سے پہلے ضروری ہے کہ کارروان ادب کے اس صبا رفتار مسافر کی نجی زندگی اور اس کے تاریخ ساز علمی سفر کے بارے میں جان لیا جائے۔

حقانی القاسمی (عبد الحق) ۱۵ جولائی (اسکول سرٹیفکیٹ میں ۶ جنوری ۱۹۷۰) کو موضع بگڈ ہرا، ضلع اررریہ (سابق پورنیہ، بہار) کے ایک معزز گھرانے میں پیدا ہوئے، ان کے والد عبد الصمد صاحب پہلے ٹیچر اور بعد میں وہ محکمہ ڈاک میں سینئر رہنے کے بعد اب ریٹائر ہو چکے ہیں۔ ابتدائی تعلیم اپنے گاؤں کے اسکول میں حاصل کی، اس کے بعد جامعہ اسلامیہ بنارس میں داخل کرائے گئے۔ ۱۹۸۴ء سے دارالعلوم دیوبند میں دو سال رہ کر دستار فضیلت سے سرفراز ہوئے۔ ۱۹۸۶ء میں علی گڑھ مسلم یونیورسٹی آگئے اور دو سال

گزارنے کے بعد اس عظیم درسگاہ سے ایم اے اور ایم فل سے آراستہ ہوئے۔ پی ایچ ڈی بھی کر لیتے لیکن بوجوہ یہ کوشش پوری نہ ہو سکی۔ ۱۹۹۶ء میں دہلی آئے۔ ادب و صحافت کے میدان میں کچھ کر دکھانے کی امنگ ہلکورے لے رہی تھی۔ صحافت کے سفر کا پہلا پڑاؤ آج کے سینئر کانگریس لیڈر اور صحافی جناب م۔ افضل کا مقبول عام ہفت روزہ، اخبار نو، تھا، اس کے بعد شاہد صدیقی صاحب کے شہرہ آفاق ہفت روزہ نئی دنیا پہنچ گئے جہاں ڈیڑھ سال تک صحافت کے گر ہی نہیں سیکھے بلکہ ان کا قلم بھی اپنے جلوے دکھانے لگا۔ نئی دنیا میں تکلف بر طرف کے عنوان سے سیاسی، تہذیبی اور علمی موضوعات پر جو کالم لکھے وہ ان کی ذہنی وسعت اور علمی بصیرت کا پہلا ثبوت بن گئے۔ اردو کے ممتاز کالم نویس کے طور پر ملک بھر میں مشہور ہوگئے۔ نئی دنیا میں لکھے گئے ان کے کالموں کا مجموعہ، تکلف بر طرف، ۲۰۰۵ء میں شائع ہو چکا ہے۔ پروفیسر وہاب اشرفی نے ان کی کالم نویسی کے بارے میں لکھا ہے:

"حقانی القاسمی کالم نویسی بھی کرتے رہے ہیں، تکلف بر طرف، کے عنوان سے ان کے کالم دلچسپی سے پڑھے جاتے ہیں، موصوف کا وصف ان کا خاص اسٹائل ہے۔ ان کی نثر میں بڑی جان اور تمکنت ہے۔ فارسی اور عربی پر دسترس ان کے اسلوب کو نکھار دیتی ہے۔ سچی بات تو یہ ہے کہ ان کی نثر کا جو امتیاز ہے وہ کسی تقلید پر مبنی نہیں بلکہ اس میں ان کی انفرادیت ہے۔" (تاریخ ادب اردو)

معروف ادیب اور ناقد ڈاکٹر سید احمد قادری کا خیال مبنی بر حقیقت ہے کہ "حقانی القاسمی کا جو تنقیدی مزاج اور آہنگ ہے اور صحافت میں جو گہرائی اور گیرائی ہے اس سے یہ فیصلہ کرنا مشکل ہوتا ہے کہ حقانی القاسمی دراصل کس صنف مین قابل قدر ہیں۔ حقیقت یہ ہے کہ ان کا فن خواہ وہ تنقید میں ہو یا صحافت میں منفرد اور اعلیٰ ہے۔ ادب اور

صحافت کے امتزاج سے دونوں میں خاص کیفیت پیدا ہوتی ہے، انہوں نے اپنے صحافتی سفر میں ہفتہ وار اخبار نو، دہلی اور ہفتہ وار نئی دنیا دہلی جیسے مقبول اخبارات میں بھی تجربات حاصل کیے اور صحافتی صلاحیتوں کا بھرپور مظاہرہ کیا۔" (اردو صحافی بہار کے)

۲۰۰۳ء میں صلاح الدین پرویز نے اپنے تاریخ ساز ادبی جریدہ ،استعارہ، کی بنیاد ڈالی تو ادارت کے لئے حقانی القاسمی سب سے بہتر لگے۔ استعارہ کے وہ بانی ایڈیٹر تھے لیکن یہ سب جانتے ہیں کہ ہندوستان میں تب تک کا سب سے ضخیم اور سب سے منفرد ادبی جریدہ از اول تا آخر حقانی القاسمی کے جادو نگار قلم کی کرشمہ سازی اور غیر معمولی صحافتی، بصیرت کا مرقع تھا، استعارہ پوری اردو دنیا میں مشہور ہوا، اس کے ساتھ ہی حقانی کی تنقیدی جوہر بھی ادبی منظر نامے پر ابھرے ہی نہیں بلکہ عالمی فضائے ادب پر چھا گئے۔ اولوالعزم صلاح الدین پرویز کی تلون مزاجی اور ان کی علالت کی وجہ سے استعارہ لمبی عمر نہ پاسکا۔ حقانی القاسمی کی ادارت میں نکلنے والے اس کے صرف ۲۴ شمارے اہم ادبی دستاویز کی صورت میں ناقابل فراموش بن گئے۔ لیکن استعارہ بھی ان کی صحافتی سفر کا ایک پڑاؤ تھا۔ ۲۰۰۷ء میں وہ سہارا سے وابستہ ہوئے اور اس ادارے کے ماہنامہ بزم سہارا کی ادارت سنبھالی تو اردو کی معیاری علمی ادبی اور تہذیبی صحافت کے ایک نئے دور کا آغاز ہوا۔ یہ اردو کا پہلا بین الاقوامی جریدہ تھا۔ عزیز برنی جیسے وژنری صحافی کے خوابوں کی تعبیر اور سہارا کمپنی کی اردو پسندی کے جلو میں حقانی القاسمی کی صحافتی مہارت اور ان کی جدت طراز تخلیقیت نے بزم سہارا کو اردو دنیا کا ممتاز ترین جریدہ بنا دیا۔ حقانی القاسمی نے اس عظیم الشان جریدے میں اردو زبان اور تہذیب کے فروغ کے لئے نئے نئے اور کامیاب تجربے کیے۔ انہوں نے طہر سخن، جہانِ دانش جیسے سلسلوں کے ذریعے ملک کے متعدد شہروں، اور قصبات میں اردو شاعروں، ادیبوں، اسکولوں، کالجوں اور ثقافتی ادبی

انجمنوں کی صورت حال اور سرگرمیوں کا بھرپور جائزہ پیش کیا۔ پانچ سال کے عرصہ میں بزم سہارا نے علم و ادب کے فروغ کی جو رنگارنگ تاریخ بنائی اس کے بارے میں مزید تفصیل کی ضرورت اس لئے نہیں ہے کہ یہ ابھی کل کی سی بات ہے اور ملک و بیرون ملک کے باذوق قارئین کے ذہنوں میں بزم سہارا کی یادیں تازہ ہیں۔ یہ تاریخ ساز جریدہ بڑی لمبی عمر پاتا اگر عزیز برنی سہارا کی ملازمت سے الگ نہ ہو گئے ہوتے۔ ان کے بعد جو شخص ایڈیٹر کے منصب پر مقرر ہوا اس کی نظر میں ادب اور تہذیب و ثقافت بے معنی تھے، وہ صرف سیاست کو ہی صحافت سمجھتا تھا، اس نے بزم سہارا کو فضول خرچی قرار دیتے ہوئے اسے بند کرنے پر کمپنی کو راضی کر لیا۔ جریدہ کے کارکنوں کو ایک ایک کر کے نکال باہر کرایا۔ یہی نہیں اس نے ہندوستان کے اس سب سے بڑے میڈیا ہاؤس میں کام کرنے والے لائق و فائق صحافیوں کو بے روزگار بنانے میں کوئی کسر نہیں چھوڑی۔ اس شخص کی ادب دشمنی کی انتہا یہ ہے کہ اس نے ملک گیر روزنامہ میں اردو ادب اور شعر و سخن سے متعلق مواد چھاپنا بھی بند کرا دیا، جس سے مقبول عام اخبار کی مقبولیت کو بہت نقصان پہنچا۔ لیکن کچھ دیر سے سہی کمپنی کو اس کا احساس ہو گیا اور اس اردو مخالف اردو صحافی کو بھی عرش سے فرش پر گرنے کا ذائقہ چکھنا پڑا۔

بزم سہارا سے الگ ہونے پر حقانی القاسمی کو سخت دشواریوں کا سامنا کرنا پڑا ہو گا لیکن اس کا اثر اس لئے بہت معمولی تھا کہ انہوں نے بہت پہلے ہی اپنے لئے دنیوی اور مادی کامیابیوں اور حصولیابیوں کا راستہ چھوڑ کر ادب کا خار زار پسند کیا تھا۔ اس راہ پر آگے بڑھتے ہوئے انہیں بار بار ایسی آزمائشوں کا سامنا کرنا پڑا ہے جن کے عادی ہیں۔ علم و ادب کی محبت نے انہیں بے یقینی کے عالم میں محنت و مشقت، توکل و قناعت کی شان کے ساتھ زندگی کرنا اور ہر حال میں خوش و خرم رہ کر پرورش لوح و قلم میں مشغول رہنا

سکھا دیا ہے۔ ظاہر ہے کہ حالات کی آندھیاں اردو کے اس عالمی مرتبت درویش خدا مست کا کیا بگاڑ سکتی ہیں ؟

حقانی القاسمی کی مرنجاں مرنج شخصیت کے بارے میں تمام لوگ جانتے ہیں کہ وہ سادہ لوح، سادہ مزاج، خوش اخلاق ملنسار اور سیدھے سچے مسلمان ہیں۔ عالم دین ہیں، سو حقوق العباد کے رمز سے آگاہ ہیں، ادب و صحافت کے موجودہ بے راہ روماحول میں رہ کر بھی خود نمائی، مکر و ریا، غیبت، کذب و افترا اور دل آزاری سے اتنی دوری ہے کہ کسی کونے سے آج کی دنیا کے آدمی نہیں لگتے۔ دلداری، تواضع اور نرم گفتاری مزاج کا حصہ ہیں۔ دلی کی بزم آرائیوں میں دو دہائیوں سے زیادہ گزار چکے ہیں مگر کسی نے ان کی زبان سے کسی کے لئے حرف زشت شاید ہی سنا ہو۔ دوستوں کے لئے سراپا محبت اور اپنے بیوی بچوں پر جان چھڑکنے والے ذمہ دار سرپرست ہیں۔ قدرت نے مختصر سا جسم عطا کیا ہے۔ لیکن ذہنی قد و قامت اتنی بلند کہ سر اٹھا کر دیکھنے والوں کی ٹوپیاں گر جائیں۔ تو یہ ہیں حقانی القاسمی، جنہیں میں بس اتنا ہی کچھ جان سکا ہوں۔

Haqqani Alqasmi, a notable laureate of new urdu generation.
Essay: Farooq Argali

***

۲

الہلال۔مولانا ابوالکلام آزاد کا یادگار صحافتی جرید

ڈاکٹر اکرم وارث

۱۳/ جولائی ۱۹۱۲ء کو "الہلال" کا اجرا عمل میں آیا۔ یہ ہفتہ وار پرچہ تھا۔ مولانا ابوالکلام آزاد نے اس کے متعلق لکھا تھا کہ:

امر بالمعروف والنھی عن المنکر

یعنی لوگوں کو نیک اعمال کی ترغیب دلانا اور برائی سے روکنا، اس پرچے کا بنیادی مقصد تھا۔ ابوالکلام نے اپنے پرچے کے لیے فصاحت اور بلاغت کا عمدہ انداز اختیار کیا۔ مولانا نے اس پرچے میں زبان و اسلوب کی تمام تر جلوہ سامانیوں کا اہتمام کیا ہے۔ عربی و فارسی الفاظ کی کثرت، جملوں کی ساخت، تحریر میں اشعار کا برمحل استعمال، تشبیہات اور استعارات کی مرصع کاری سے مولانا نے اپنی تحریر کے حسن کو دوبالا کر دیا ہے۔ اس طرزِ خاص کے وہ خود بانی بھی ہیں اور خاتم بھی۔ الہلال کے متعلق ڈاکٹر انوار احمد اپنی کتاب میں لکھتے ہیں کہ:

"الہلال، اپنے ظاہری حسن، اردو ٹائپ کے اہتمام، کاغذ کی نفاست، تصویروں کی شمولیت، مضامین کی تقسیم، افکار و معلومات کے تنوع، خیالات کی بلندی، مذہب، سیاست، تاریخ، تعلیم، ادب کی جامعیت، زبان کے حسن، اسلوب کی دل ربائی اور ظاہر و

باطن کے محاسن کے اعتبار سے اپنی مثال آپ تھا۔ اس سے پہلے ان محاسن کا جامع کوئی اخبار نہ تھا اور اس کے بعد بھی ایک عرصہ دراز تک اس کی کوئی مثال نہ پیش کی جا سکی اور آج بھی اگر رنگین و حسین طباعت کی دل فریبیوں سے صرفِ نظر کر لیا جائے تو علمی مضامین کی بلندی، انقلابی افکار اور ظاہر و باطن کے حسن و سلیقے میں کوئی اخبار اس کا مقابلہ نہیں کر سکتا۔"

(بحوالہ: مولانا آزاد کی ادبی صحافت [الہلال و البلاغ کے خصوصی حوالے سے]، ۲۰۰۶ء، ڈاکٹر انوار احمد۔ ص:۹۱۔)

الہلال کے پیش نظر دو مقصد تھے:

پہلا یہ کہ مسلمانوں کو اللہ کی کتاب قرآن حکیم کی تعلیمات سے واقف کرانا اور سنتِ رسول (ﷺ) پر عمل کرنے کی دعوت دینا۔

اور دوسرے یہ کہ اردو زبان میں ایسا معیاری اور بلند پرچہ شائع کرنا جو علم و ادب، سیاست و صحافت ہر اعتبار سے زمانے کی تیز رفتاری کا ساتھ دے سکے۔ مولانا اس پرچے کے ذریعہ قوم میں بیداری پیدا کرنا چاہتے تھے، قوم کو ایک نئی سوچ اور فکر دینا چاہتے تھے۔ اس مقصد کے حصول کے لیے مولانا نے شروع سے ہی پرچے میں دو باب قائم کر دئے تھے، انہیں دونوں باب کے ذیل میں تمام قسم کی تحریریں اور مقالات شائع ہوئے۔ اس طرح الہلال نہ صرف ایک صحیفہ بلکہ آفاقی زندگی کا ترجمان بن گیا۔ مولانا ادب برائے زندگی کے قائل تھے یہی وجہ ہے کہ الہلال جب ایک دفعہ بند ہو کر دوبارہ ۱۹۲۷ء میں نکلنا شروع ہوا تو اس میں مولانا نے "افسانہ" کا ایک مستقل باب قائم کیا جس میں عام طور سے غیر ملکی (انگریزی، فرانسیسی، جرمنی، ترکی اور روسی) زبانوں کے افسانوں کا ترجمہ شائع ہوتا تھا۔

مشہور فرانسیسی انشا پرداز وکٹر ہیوگو [Victor Heugo] کی معرکتہ الآرا کتاب 'Le Misreable' کا ترجمہ بھی دو اقساط میں الہلال میں شائع ہوا۔ مولانا آزاد بڑے شاعر تو نہ تھے لیکن ان کا شعری ذوق بلند تھا۔ انہیں ہزاروں اشعار یاد تھے، جنہیں وہ اپنی تحریروں میں بے حد خوبصورتی کے ساتھ استعمال کرتے تھے۔ غالب و عرفی ان کے پسندیدہ شاعر تھے اور ان کے شعروں سے مولانا نے اپنی تحریروں کو دل فریب بنانے کا خوب کام لیا۔ عتیق صدیقی لکھتے ہیں:

مولانا نے اپنی تحریروں میں غالب کے اشعار اس چابک دستی سے انگوٹھی میں نگینوں کی طرح جوڑے ہیں جیسے ان ہی مواقع کے لیے وہ اشعار کہے گئے تھے۔ بیشتر مقامات پر مولانا آزاد کے حسن استعمال نے غالب کے اشعار کی موثر اور قابلِ قدر شرح فراہم کر دی ہے۔

(بحوالہ: غالب اور ابوالکلام آزاد۔ مرتب: عتیق صدیقی، مکتبہ شاہراہ، دہلی، ۱۹۶۹ء۔ ص:۱۵۸۔)

الہلال ایک انقلابی پرچہ تھا، بہت حد تک اس کا خمیر قرآنی تعلیمات سے اٹھایا گیا تھا، اس کے مخاطب مسلمان تھے۔ الہلال کے اداریے سے جو حضرات منسلک تھے ان میں مولوی عبدالواجد ندوی، عبداللہ عمادی، سید سلیمان ندوی، مولانا عبدالسلام ندوی، حامد علی صدیقی، مولانا رکن الدین دانا سہسرامی، مرزا محمد عسکری، مولانا عبدالرزاق ملیح آبادی وغیرہ۔ یہ وہ حضرات ہیں جنہوں نے اپنی قلمی نگارشات سے ہمیشہ الہلال کی مدد کی اور اسے ایک مثالی پرچہ بنا دیا۔ ڈاکٹر عابد رضا بیدار لکھتے ہیں:

"زمیندار، ہمدرد اور الہلال اس دور صحافت کے اہم ترین نمائندے تھے اور شاید صحیح معنی میں اردو ادب میں باقاعدہ اور سائنٹفک صحافت کے بانی بھی۔ الہلال اس تثلیث

کا سب سے ممتاز رکن تھا کیونکہ اس نے صحافت کے فن کو فنی حیثیت سے سب سے زیادہ سلیقے سے برتا اور ایڈیٹر اور اخبار دونوں کی کم عمری کے باوجود سب سے زیادہ دیرپا اثر چھوڑا۔

(بحوالہ: آزاد ایک صحافی، سہ ماہی اردو ادب، انجمن ترقی اردو ہند، ۱۹۵۹ء۔)

الہلال کا دور اول جولائی ۱۹۱۲ء تا ۱۹۱۴ء تک کے عرصے پر محیط ہے۔ دوسرے دور میں یہ "البلاغ" کے نام سے نکلا اور نومبر ۱۹۱۵ء سے مارچ ۱۹۱۶ء تک نکلتا رہا، پھر یہ بند ہو گیا۔ دورِ ثالث کا آغاز ۱۰/ جون ۱۹۲۷ء کو ہوا اور صرف چھ مہینے کے قلیل عرصے تک یہ پرچہ نکلا اور دسمبر ۱۹۲۷ء میں یہ ہمیشہ کے لیے بند ہو گیا۔

تیسرا دور جو محض چھ ماہ کی مدت پر مشتمل ہے، تاریخی، علمی، ادبی اور صحافتی نقطۂ نظر سے بڑی اہمیت کا حامل ہے۔ اس دور میں دعوت اور تحریک سے زیادہ علمی، ادبی اور تحقیقی مضامین شائع ہوئے۔ سیاسی مضامین کی تعداد کم اور علمی ادبی مباحث زیادہ تھے۔ تیسرے دور میں پچیس شمارے اور چوبیس اشاعتیں عمل میں آئی ہیں۔ طباعت اور کتابت کے لحاظ سے الہلال کا دور ثالث، اول اور دوم سے اعلیٰ پایہ کا ہے۔ الہلال (دور اول) اور البلاغ (دور ثانی) ٹائپ میں نکلتا تھا جبکہ الہلال (دور ثالث) لیتھو پر نکلتا تھا۔ یہی وجہ ہے کہ تقریباً اسی/ نوے سال گزر جانے کے بعد آج بھی اس پرچے کے مضامین تاریخی اور ادبی اہمیت کے حامل ہیں۔

ایک بات ذہن میں رکھنے کی ہے کہ الہلال اور البلاغ عوامی پرچے نہیں تھے، ان کی حیثیت اخبار کی نہیں، جریدے کی تھی اور ان کے مخاطب عوام نہیں خواص تھے۔ الہلال ایک مصور پرچہ تھا۔ ڈاکٹر ابو سلمان شاہجہاں پوری لکھتے ہیں:

"اردو زبان کی ترقی اور لسانیات و اصطلاحات کے بارے میں 'لسان الصدق' نے

جن خیالات کا اظہار کیا تھا اور جس تعمیر کی بنیاد ڈالی تھی، اس پر عمارت 'الہلال' نے کھڑی کی۔ اس بارے میں 'لسان الصدق' اور 'الہلال' ایک تحریک کے دور ادوار کے جلی عنوان ہیں۔"

(بحوالہ: مولانا آزاد کی ادبی صحافت [الہلال و البلاغ کے خصوصی حوالے سے]، ۲۰۰۶ء، ڈاکٹر انوار احمد۔ ص: ۳۰۱۔)

مجموعی طور پر ہم کہہ سکتے ہیں کہ الہلال اردو کا پہلا جریدہ تھا جس میں مشرق وسطی کے اسلامی ممالک کے ساتھ ساتھ یورپ اور افریقہ کی بھی سیاسی خبریں شائع ہوتی تھیں۔ الہلال نے اپنے قارئین کو پہلی دفعہ عالمی سیاسی تحریکات اور تاریخی شخصیات سے متعارف کروایا۔ عوام کے ذہن و فکر کی تشکیل اور سیرت کی تعمیر میں نمایاں رول ادا کیا۔ ایک منفرد خطیبانہ اسلوب بیان کی داغ بیل ڈالی، اردو زبان میں سینکڑوں نئے الفاظ و تراکیب کا اضافہ کیا، علمی اصطلاحات وضع کیں وغیرہ وغیرہ۔ یہی وجہ ہے کہ اخبار ہونے کے باوجود اردو کی ادبی صحافت کی تاریخ میں اس کا مرتبہ بہت بلند ہے۔

ماخذ: اردو میں ادبی صحافت - ۱۹۳۵ سے ۱۹۶۰ تک (اہم رسائل کی روشنی میں) (مقالہ پی۔ایچ۔ڈی برائے ۲۰۱۶ء) نگران: پروفیسر قاضی جمال حسین، شعبۂ اردو علیگڑھ مسلم یونیورسٹی مقالہ نگار: ڈاکٹر اکرم وارث (شعبۂ اردو علیگڑھ مسلم یونیورسٹی)

Al-Hilal, Maulana Abul Kalam Azad's prominent Journal.

***

۳

جدید اردو صحافت، بیسویں صدی اور رحمٰن نیر

ڈاکٹر اسلم جمشید پوری

اردو صحافت اپنے آغاز وارتقاء کے تقریباً ۱۹۰ سال کا طویل عرصہ گزار چکی ہے۔ اس تقریباً دو سو سال کے سفر میں اردو صحافت نے متعدد نشیب وفراز دیکھے ہیں۔ جنگ آزادی میں اردو صحافت نے اپنا سب کچھ نثار کیا ہے۔ خواہ پیام دہلی ہو، زمیندار اور ہمدرد ہوں، الہلال یا البلاغ ہوں۔ مدینہ ہو یا حریت۔ اردو اخبارات نے آزادی کی دلہن کے حصول کے لیے ہر وقت عوام کو بیدار کرنے کا کام کیا ہے۔ اردو صحافت پر یہ الزام بھی لگایا جاتا رہا ہے کہ اس کے قاری کم ہیں اور اس کا اثر عوام پر نہیں ہے۔ لیکن اردو صحافت نے اپنے اوپر لگنے والے اس الزام کی ہمیشہ تردید کی ہے۔ آج اردو صحافت نے بٹلہ ہاؤس ،ممبئی دھماکہ، مالیگاؤں بم کانڈ، گجرات فساد اور راجستھان فساد وغیرہ کی شاندار رپورٹنگ سے ایک بار پھر ثابت کر دیا ہے کہ اردو صحافت ہمیشہ عوام کی نبض ٹٹولتی رہی ہے۔ گذشت تقریباً ۲۰ برسوں میں اردو صحافت میں زبردست انقلابات آئے ہیں۔ پرنٹ سے لے کر الیکٹرانک میڈیا تک اردو نے بڑی کامیابی کے ساتھ اپنے قدم جمائے ہیں۔ یہی سبب ہے کہ بڑی بڑی کاروباری کمپنیاں اور دیگر زبانوں کے اخبارات اردو کی طرف رخ کر رہے ہیں، نت نئے رسائل اردو کی زینت میں اضافہ کر رہے ہیں۔ رسائل کی اس

بھیڑ میں بیسویں صدی کا اپنا الگ مقام رہا ہے۔

آج بیسویں صدی ۸۳ سال میں داخل ہو چکا ہے۔ ابتدا خوشتر گرامی نے کی بڑی مضبوط و مستحکم بنیاد فراہم کی۔ ایک زمانہ تھا جب بیسویں صدی اردو کا سب سے مقبول رسالہ تھا۔ ہر بڑا اور اہم مصنف بیسویں صدی میں شائع ہونا فخر کی بات سمجھتا تھا۔ خوشتر گرامی کے بعد جب رحمٰن نیّر نے بیسویں صدی کو سنبھالا تو ادبی حلقوں میں رسالے کے مستقبل کو لے کر مایوسی کے سائے لہرانے لگے تھے۔ لوگوں کو امید تھی کہ اب یہ نیم ادبی اور سنسنی خیزی پیش کرنے والا رسالہ بن کر رہ جائے گا۔ لیکن تاریخ شاہد ہے ایسا کچھ بھی نہیں ہوا۔ تغیرات کی ہوا تو چلی اور اس نے بیسویں صدی کی کایا ہی پلٹ کر رکھ دی۔ نہ صرف گیٹ اپ بدلا، بلکہ رحمٰن نیّر کی مدیرانہ صلاحیتوں نے بیسویں صدی کو نئے رنگ وروپ میں پیش کر کے لوگوں کو حیران کر دیا۔ بیسویں صدی کے قارئین کا گراف ایک بار پھر اوپر اٹھتا ہی چلا گیا۔ جامعہ میں دوران طالب علمی، میری رحمٰن نیّر سے ملاقات ہوئی۔ میری رحمٰن نیّر کے ساتھ کام کرنے کی خواہش اس وقت پوری ہوئی جب رحمٰن نیّر نے مجھے خبر نامہ کی ترتیب اور ادبی واقعات پر مضمون لکھنے کے طور پر مامور کیا۔ دو سال کے دوران مجھے رحمٰن نیّر کی مدیرانہ صلاحیتوں کا علم ہوا۔ انہوں نے بیسویں صدی کو ایک مقبول ماہنامہ بنانے میں کوئی کسر نہیں چھوڑی۔ وہ چاہتے تو بیسویں صدی کو فلمی پرچہ بنا کر اچھا خاصا کاروبار کر سکتے تھے۔ سرورق پر تصویر کی پالیسی کو بھی انہوں نے غیر مہذب نہ ہونے دیا۔ ساتھ ہی ساتھ رسالے کے مشمولات پر خصوصی توجہ صرف کی۔ بیسویں صدی میں افسانے اور غزلیں تو ایک خاص معیار کی ہوتی ہی تھیں (ادباء و شعراء بیسویں صدی میں شائع ہونا باعث افتخار سمجھتے تھے) رحمٰن نیّر نے ادبی تخلیقات کے علاوہ بیسویں صدی کو سیاسی اور ادبی منظر نامے میں بھی وقار عطا کیا۔ انہوں نے بیسویں صدی میں قسط

وار ناول، سفر نامے، خود نوشت سوانح وغیرہ بھی شائع کیے جس سے قارئین کی ایک مخصوص تعداد قسطوں کی ہر ماہ منتظر رہا کرتی۔ یہی نہیں رحمٰن نیّر نے اپنی صحافی صلاحیتوں کو بروئے کار لاتے ہوئے بیسویں صدی میں کئی اہم اور دلچسپ کالم شروع کیے۔

تیر و نشتر:

تیر و نشتر، خوشتر گرامی کے زمانے سے ہی بیسویں صدی کی الگ شناخت بن چکا تھا۔ اس کالم کے تحت تازہ ترین سیاسی، سماجی اور معاشی معاملات پر کسی خبر یا کسی کے قول کے ساتھ اسی انداز میں طنز و مزاح میں دو یا تین سطروں میں جواب تحریر کیا جاتا تھا۔ قارئین بیسویں صدی سب سے پہلے اسی کالم کو پڑھنا چاہتا تھا۔ خوشتر گرامی کے بعد رحمٰن نیّر نے اسے مزید بہتر بنا کر پیش کیا۔ دو تین تیر و نشتر ملاحظہ فرمائیں:۔

* مہاراشٹر ہندوستان کا یتیم خانہ نہیں ہے۔۔۔۔ بال ٹھاکرے

** یتیم خانہ تو نہیں ہے لیکن اب اس پر پاگل خانہ ہونے کا گمان ہونے لگا ہے۔ (بیسویں صدی جولائی ۱۹۹۵)

* تامل ناڈو میں امیدواروں پر حملہ۔ ایک ورکر کا کان کتر لیا گیا۔ ایک خبر

** شکر کرو ناک کٹنے سے بچ گئی۔ (بیسویں صدی فروری ۱۹۸۵)

* ملک میں کروڑوں نوجوان بے روزگار ہیں۔۔۔۔۔ ایک خبر

** اس لیے فرقہ پرست جماعتیں ان کی آمدنی کا بندوبست کر رہی ہیں (بیسویں صدی ستمبر ۲۰۰۰)

تیر نشتر کے طنز و مزاح کا لطف، جواب کی برجستگی اور شگفتگی نے اس کالم کو ہندوستان کے قارئین کے درمیان بہت مقبول بنا دیا تھا۔ یہ کالم اپنے عہد کا واحد کالم تھا دوسرے رسائل میں اس طرح کے کالم کا فقدان تھا۔

قلمی چہرہ:

تیر و نشتر کی طرح قلمی چہرہ بھی بیسویں صدی کی مضبوط و مستحکم شناخت تھا۔ یہ کالم رحمٰن نیّر کی ذہنی اپج تھا۔ اسے معروف ادیب و شاعر ظفر احمد نظامی مرحوم لکھا کرتے تھے۔ انہیں لفظوں میں پیکر تراشی کا ہنر آتا تھا۔ اس کالم کے تحت مشہور و معروف ادیب، شاعر فن کار سیاست داں وغیرہ کے اوصاف ظاہری اور باطنی کے عین مطابق لفظوں اور جملوں میں اس کی تصویر کشی کی جاتی تھی۔ قارئین اس کالم کے لیے بڑے بے تاب رہتے تھے۔ جن کے قلمی خاکے، اس کی زینت بنتے تھے وہ خود کو بڑا خوش نصیب سمجھتے تھے۔ اس کالم کے تحت صاحب خاکہ کی ایک تصویر کا اسکیچ بھی شائع ہوتا تھا۔ تصویر اور شخصیت کا پرتو تحریر میں کچھ اس انداز میں جھلکتا تھا کہ قارئین خوب لطف اندوز ہوتے تھے۔ اندر کمار گجرال کا قلمی چہرہ ملاحظہ ہو:

"کتابی چہرا، شیشے سی آنکھوں پر شیشوں کا پہرا، تا بحد نظر پیشانی، علامت عظمت و علم دانی، نمایاں ناک -زباں کی دور دور تک دھاک، طویل قامت و قد، دلکش خال و خد ،لینن نما داڑھی شخصیت فیرینی کی طرح گاڑھی، یہ ہیں متحدہ پنجاب کے ممتاز فرد بچھتر سالہ جواں مرد، وزیر برائے خارجی امور، دانش وری کے مینارہ نور، صاحب بلند اقبال بینی اندر کمار گجرال۔"

(بیسویں صدی: دسمبر ۱۹۹۴)

اس کالم کی ایک خوبی، نثر میں شاعری کا لطف تھی، ظفر احمد نظامی نثر میں بھی قافیہ پیمائی کیا کرتے تھے جو اس کالم کی جان ہوا کرتی تھی۔

خبر نامہ:

خبر نامہ ادبی رسائل کے لیے بالکل نیا آئٹم تھا۔ یہ کالم رحمٰن نیّر کی صحافتی صلاحیتوں

کا مظہر تھا انہوں نے قارئین کو ادبی، سماجی اور نیم سیاسی جلسوں محفلوں اور معاملات کی جانکاری فراہم کرنے کے لئے اسے شروع کیا تھا۔ اپنی متعدد اور مختلف خبروں کے لیے یہ کالم بیسویں صدی کی دلکشی میں چار چاند لگایا کرتا تھا۔ اس کالم میں کتابوں کے اجراء ادباء و شعراء کو انعامات ملنے، وفات، شام افسانہ محفل مشاعرہ مذاکرہ، سیمینار وغیرہ کی خبریں شائع ہوا کرتی تھیں۔

سرگوشیاں:

یہ کالم بھی اپنی نوعیت کا ایک منفرد کالم تھا۔ اس کالم کے تحت قارئین کے اہم اور غیر اہم سوالوں کا جواب شگفتگی اور شائستگی سے دیا جاتا تھا۔ سوال کے عین مطابق اور ضرورت کے تحت دیے جانے والے جواب جہاں چونکانے والے ہوتے تھے وہیں دلچسپ بھی ہوا کرتے تھے یہ کالم بھی بیسویں صدی کی پہچان تھا۔ دو چار سرگوشیاں ملاحظہ کریں:

س: ماں اور محبوب کے پیار میں کیا فرق ہے؟

ج: زمین آسمان کا۔۔۔ ماں کے پیار کی نظیر نہیں ملتی، وہ انمول ہوتی ہے۔

س: موت کیا ہے؟

ج: ہم زندگی کے نقیب ہیں۔ ہم سے پوچھئے زندگی کیا ہے؟

س: دانش مندی کیا ہے؟

ج: حماقت سے دامن بچانا (بیسویں صدی ستمبر ۲۰۰۰)

صحت و زندگی:

اردو رسائل میں صحت کے تعلق سے مواد کا ملنا، بڑی حیرانی کی بات ہے۔ بیسویں صدی نے اپنے قارئین کی ذہنی صحت کے ساتھ ساتھ جسمانی صحت کا بھی ہمیشہ خیال

رکھا ہے۔ اس کالم کے تحت انسان کو صحت مند رہنے کے نسخے، سبزیوں اور پھلوں کے اوصاف اور بیماریوں میں ان کا اور جڑی بوٹیوں کا استعمال بتایا جاتا تھا۔

تصویر اور شعر:

اس کالم کے تحت بیسویں صدی کے ان سائڈ ٹائٹل فرسٹ پر خاتون کی تصویر اور تصویر کی مناسبت سے کسی شاعر کا شعر شائع ہوتا تھا۔ جنوری ۱۹۹۷ کے شمارے میں ایک دوشیزہ کی مسکراتی ہوئی ایسی تصویر شائع کی تھی جو ایک ہاتھ سے ساڑی کے پلو سے پردہ کر رہی ہے۔ اس تصویر پر شعر کچھ اس طرح تھا۔

ہر ایک شئے میں تم مسکراتے ہو گویا
ہزاروں حجابوں میں یہ بے حجابی
(احسان دانش)

ان کالموں کے علاوہ رحمٰن نیّر نے بیسویں صدی کو ہم عصری مسائل اور تقاضوں سے ہم آہنگ کرنے کی کوشش کی۔ اسی لیے ابتدا میں گاہے بگاہے اور بعد میں ہر شمارے میں کسی نہ کسی بڑے سیاسی واقعے یا ادبی اہم معاملے پر ایک دو مضامین، بیسویں صدی میں شائع ہوتے رہے ہیں۔ ہر شمارے میں ایک طنزیہ ومزاحیہ مضمون بھی شامل اشاعت ہوا کرتا تھا۔ خودنوشتوں اور ناولوں کو قسط وار شائع کر کے بیسویں صدی نے ان کی مقبولیت میں بہت زیادہ اضافہ کیا ہے۔

رحمٰن نیّر نے اپنی صحافتی صلاحیتوں کو بروئے کار لاتے ہوئے بیسویں صدی کو ایک ایسا رسالہ بنادیا تھا جو سماج کے ہر طبقے کے لیے دلچسپی کا سامان اور ضرورت بن گیا تھا۔ انہوں نے بیسویں صدی کے ساتھ ساتھ روبی کو بھی معیار اور وقار عطا کیا تھا۔ یہ رسالے اردو ادب کی صحافت یعنی ادبی صحافت میں جدید عہد کے غماز ہیں۔ ان رسائل کے ذریعہ

اردو میں اس طرح کے رسائل کی روایت مضبوط و مستحکم ہوتی ہے۔ آج اردو کے رسائل جدید صحافت کے دوش پر سوار ایسے دور سے گزر رہے ہیں جہاں ہم انہیں کسی بھی زبان کے اچھے رسائل کے سامنے رکھ سکتے ہیں اور اردو کے ادبی اور نیم ادبی رسائل کو اس مقام پر لانے کے اسباب اور اشخاص میں سے ایک اہم نام رحمٰن نیّر کا بھی ہے۔

ماخوذ از کتاب: اردو صحافت کا نیر تاباں -ضیاء الرحمن نیر -حیات و خدمات، مرتبہ: ڈاکٹر شمع افروز زیدی۔ ناشر: بیسویں صدی بک ڈپو، نئی دہلی (سن اشاعت: ۲۰۱۳ء)

Modern Urdu journalism, Biswin Sadi and Rahman Nayyar

* * *

۴

تبصرہ کتاب: سائبر دور میں حیدرآباد کے روزنامے

ڈاکٹر اسلم فاروقی

کتاب: سائبر دور میں حیدرآباد کے روزنامے

مصنف: محمد احتشام الحسن مجاہد

مبصر: ڈاکٹر محمد اسلم فاروقی

زبان خیال کے اظہار کا اہم ذریعہ ہے۔ انسان اپنی ضروریات کی تکمیل کے لئے زبان استعمال کرتا ہے اور ایک دوسرے سے اپنے خیالات کی ترسیل کرتے ہوئے زندگی کے کام انجام دیتا ہے۔ زبان کی پہلی اور بنیادی شکل بولی ہے اور کسی زبان کی ترقی یافتہ شکل اس کا رسم الخط ہے۔ جس کے ذریعے زبان کے شعبے علم وادب وجود میں آتے ہیں۔ زبان کا سماج اور تہذیب سے بھی تعلق ہوتا ہے۔ اور ترقی یافتہ تہذیبوں کی زبان بھی ہمیشہ عصر حاضر کے تقاضوں سے ہم آہنگ ہوتی رہتی ہے۔ دنیا کی دیگر زبانوں کی طرح اردو بھی ایک عالمی زبان ہے۔ اور آج یہ اکیسویں صدی کے جدید تقاضوں سے لیس ہونے کی کوشش میں لگی ہے۔ موجودہ صدی کو اطلاعات کے طوفان یعنی انفارمیشن

ٹیکنالوجی کی صدی کہا جاتا ہے۔ دنیا بھر میں پل پل بریکنگ نیوز کے نام سے پیدا ہونے والی اطلاعات کو میڈیا کے ذرائع اور فون کے ذریعے لوگوں تک پہونچایا جارہا ہے۔ کمپیوٹر، اسمارٹ فون اور انٹرنیٹ کے عام ہونے سے دنیا بھر کی معلومات اب انسان کے ہاتھ میں آگئی ہیں اور راہ چلتے یا اپنے کمرے میں لیٹے لیٹے بھی انسان دنیا بھر سے معلومات تحریر، تصویر یا ویڈیو کی شکل میں حاصل کر رہا ہے۔ انسان عصر حاضر کی ٹیکنالوجی سے مستفید تو ہورہا ہے لیکن اس ٹیکنالوجی کے سفر سے بہت کم لوگ واقف ہوتے ہیں کہ آج کی یہ حیرت انگیز ترقی کن مراحل سے گُذر کر اس مقام تک پہونچی ہے۔ اردو زبان اور اس کی صحافت بھی انفارمیشن ٹیکنالوجی اور سائبر ٹیکنالوجی سے ہم آہنگ ہورہی ہے۔ اخبارات ایک زمانے تک قارئین کو اردو میں خبریں فراہم کرنے کا ایک اہم ذریعہ تھے اور آج بھی ٹیلی ویژن اور انٹرنیٹ اور فون کی ترقی کے باجود لوگ اخبار پڑھنے کو ترجیح دیتے ہیں۔ ہمارے ہاتھ میں جو اردو اخبار ہے وہ پہلے کاتب حضرات کی کتابت اور قدیم طرز کی سنگی اور لیتھو طباعت سے آراستہ ہو کر قارئین کے ہاتھ پہونچتا تھا۔ جب کمپیوٹر کا دور آیا اور کمپیوٹر میں اردو تحریر کا سافٹ ویر وجود میں آیا تو اردو اخبارات کتابت کے مشکل مرحلے سے نکل کر کمپیوٹر کمپوزنگ کے آسان اور خوبصورت دور میں داخل ہوئے اور طباعت میں لیتھو کی جگہ آفسیٹ پرنٹنگ نے لی اور اب رنگین طباعت کا دور آگیا ہے۔ اردو اخبارات اور خاص طور سے آندھرا پردیش کے اردو اخبارت ان تبدیلیوں سے کس انداز میں دوچار ہوئے ان تمام تفصیلات سے اردو کا عام قاری اور نئے دور کا نوجوان قاری ناواقف تھا۔ اردو میں اس نئے اور منفرد موضوع پر قلم اٹھاتے ہوئے سائبر معلومات کو اردو میں قارئین تک پہونچانے میں مہارت رکھنے والے نوجوان صحافی محمد احتشام الحسن مجاہد نے اپنی دوسری تصنیف "سائبر دور میں حیدرآباد کے روزنامے" کے نام ایک مفید

اور معلوماتی کتاب پیش کی ہے۔ جس کا حال ہی میں رسم سیاست ہال میں پروفیسر فاطمہ بیگم، پروفیسر ایس اے شکور، عامر علی خان نیوز ایڈیٹر سیاست اور ڈاکٹر فضل اللہ مکرم کے ہاتھوں اجرا عمل میں آیا۔ اردو اخبارات کے قارئین کے لئے محمد احتشام الحسن مجاہد تعارف کے محتاج نہیں ہیں۔ یہ روزنامہ سیاست میں ہر پیر اپنا کمپیوٹر کی معلومات پر مبنی کالم لکھتے ہیں۔ ۲۰۰۴ء سے روزنامہ سیاست سے وابستہ ہیں۔ اسپورٹس جرنلسٹ اور کمپیوٹر نالج کے ماہر کے طور پر جانے جاتے ہیں۔ اور کمپیوٹر کی مشکل باتوں کو آسان اردو میں اردو قارئین تک پہونچاتے ہیں۔ سائبر دور سے بخوبی واقف ہیں۔ اور اس کی مشکلات کو وہ خود سمجھ کر اردو قارئین تک پہونچاتے ہیں۔ آج کمپیوٹر کے غلبے والے اس دور میں کہا جاتا ہے کہ جو کمپیوٹر چلانا نہیں جانتا وہ جاہل ہے اور لوگوں کو سائبر جہالت سے دور کرنے کے لئے محمد احتشام الحسن مجاہد اپنے نام کی مناسبت سے کمپیوٹر عدم خواندگی اور سائبر کرائم کے دور میں سائبر جہاد کر رہے ہیں اور اس میں بہت حد تک کامیاب بھی ہیں۔ احتشام کی یہ کتاب "سائبر دور میں حیدرآباد کے روزنامے" ان کے ایم فل مقالے پر مشتمل ہے۔ انہوں نے شعر و ادب کے روایتی موضوعات سے ہٹ کر اردو میں کمپیوٹر ٹیکنالوجی کو تحقیق کا موضوع بنایا اور اردو تحقیق میں ایک نئے موضوع کا اضافہ کیا ہے۔ انہوں نے اردو میں جامعاتی تحقیق کو یہی موضوع بنایا ہے اور عثمانیہ یونیورسٹی سے "سائبر دور میں اردو کی ترقی" کے عنوان پر پی ایچ ڈی کے لئے تحقیق بھی کر رہے ہیں۔ ان کی زیر تبصرہ کتاب حیدرآباد کی اردو صحافت کی طباعتی اعتبار سے عہد بہ عہد تبدیلی اور ترقی کو پیش کرتی ہے۔ اور یہ کتاب حیدرآباد کے روزناموں کی ایک تاریخی دستاویز بھی ہے۔ محمد احتشام الحسن کی پہلی تصنیف " سائبر دنیا اردو میں" ۲۰۰۸ء میں شائع ہو کر مقبول ہوئی۔ اس کتاب میں کمپیوٹر کے ہارڈویر سافٹ ویر اور انٹرنیٹ سے متعلق تازہ ترین معلومات آسان

زبان میں پیش کی گئیں۔ دوسری تصنیف "سائبر دور میں حیدرآباد کے روزنامے" کے مشمولات میں مصنف کا مقدمہ، اردو کو ہر دور میں کامیاب بنانے کی کوشش۔ صحافی فاضل حسین پرویز کا تعارفی مضمون، سائبر دور کا آغاز وارتقاء، ہندوستان میں سائبر دور کا آغاز و ارتقاء، سائبر دور سے قبل حیدرآباد کے اردو اخبارات تاریخ و تجزیہ، سائبر ٹیکنالوجی کی آمد کے بعد حیدرآباد کے اردو اخبارات میں تبدیلیاں روزنامہ سیاست۔ منصف اور رہنمائے دکن کے حوالے سے، سائبر دور میں جاری ہونے والے حیدرآباد کے روزنامے راشٹریہ سہارا اور اعتماد، سائبر دور کی آسانیوں کے باجود حیدرآباد کے روزناموں کے مسائل اور کمپیوٹر اور اردو سافٹ ویر کے مسائل شامل ہیں۔ مقدمے میں مصنف نے سائبر ٹیکنالوجی سے اپنی چاہت اور اردو صحافت کو سائبر ٹیکنالوجی کے عصری تقاضوں سے لیس کرنے کی جستجو کو اس کتاب کی وجہ تصنیف قرار دیا۔ ان کے اس طرح کے جذبے کی اردو کے بڑے اخبارات کے انتظامیہ کی جاب سے حوصلہ افزائی کرنی چاہیۓ اور اپنے اخبارات کو انگریزی اخبارات کے ہم پلہ بنانے کی جانب پیشرفت کرنی چاہیۓ۔ اردو کا ایک نوجوان صحافی اپنے کوشش سے ان کے مسائل کی عکاسی کرتے ہوئے ان کا حل پیش کر رہا ہے تو اس جانب سنجیدگی سے غور کی ضرورت ہے۔ اردو صحافیوں کی نئی نسل کی نمائیندگی کرنے والے نامور صحافی اور مدیر گواہ سید فاضل حسین پرویز نے اپنے تعارفی مضمون "اردو کو ہر دور میں کامیاب بنانے کی کوشش" میں کتاب کے مصنف احتشام الحسن مجاہد کو عصری موضوع پر معلوماتی مواد پیش کرنے پر مبارکباد دی ہے۔ اور اردو صحافت کی عہد بہ عہد ہو رہی تبدیلیوں کو خوش آئیند قرار دیتے ہوئے اس امید کا اظہار کیا کہ اردو کے روزنامے جس طرح اپنے آن لائن ایڈیشن شائع کر رہے ہیں اسی طرح بروقت خبروں کی ترسیل کے ویب سائٹ بھی شروع کریں گے۔

کتاب 'سائبر دور میں حیدرآباد کے روزنامے" کے ابتدائی ابواب میں پس منظر کے طور پر دنیا میں صحافت اور سائبر صحافت کی ابتدا اور اردو میں صحافت اور سائبر صحافت کی ابتداء سے متعلق تحقیقی انداز میں مواد پیش کیا گیا ہے۔ احتشام الحسن مجاہد نے لکھا کے انٹرنیٹ کا آغاز ۲۹ اکتوبر ۱۹۶۹ کی شام سائینسدان چارلی کلین کی جانب سے لاس اینجلس کی کیلی فورنیا یونیورسٹی سے اسٹانفورڈ ریسرچ سنٹر کو پیغام ارسال کرتے ہوئے کیا گیا۔ انہوں نے لکھا کہ سائبر ایک لاحقہ ہے جس سے سائبر آباد سائبر کرائم اور سائبر ٹیکنالوجی جیسی کمپیوٹر اصطلاحیں وجود میں آئیں۔ دنیا میں کمپیوٹر اور اس سے متعلقہ ونڈوز سافٹ ویر کی عہد بہ عہد ترقی کو احتشام الحسن مجاہد نے انگریزی کتابوں کے مطالعے سے بخوبی اردو میں پیش کیا اور دوسرے باب "ہندوستان میں سائبر دور کا آغاز" میں ہندوستان میں کمپیوٹر کی آمد اور اس کی ترقی کا احاطہ کیا گیا۔

احتشام نے لکھا کہ ہندوستان میں کلکتہ میں ۱۹۵۵ میں کمپیوٹر کی آمد ہوئی اور ۱۹۸۸ء میں انٹرنیٹ کا استعمال شروع ہوا۔ اس باب میں ہندوستان میں سائبر ٹیکنالوجی کے فروغ میں عظیم پریم جی اور چندرابابو نائیڈو کی خدمات کا احاطہ کیا گیا اور بمبئی بنگلور اور حیدرآباد میں سائبر کیفے کے آغاز کی تفصیلات دی گئی ہیں۔ جو انٹرنیٹ کے عام ہونے کی تاریخ پر مشتمل ہیں۔ کتاب کے تیسرے باب "سائبر ٹیکنالوجی سے قبل حیدرآباد کے اردو اخبارات تاریخ و تجزیہ "میں ہندوستان اور حیدرآباد میں اردو صحافت کی تاریخ کو پیش کیا گیا۔ اور صحافت کی ترقی سے متعلق اہم مواد پیش کیا گیا۔ حیدرآباد کے ابتدائی اردو روزناموں رہبر دکن اور سیاست کے آغاز کی تفصیلات دی گئی ہیں۔ کتاب کے چوتھے باب" سائبر ٹیکنالوجی کی آمد کے بعد حیدرآباد کے اردو اخبارات میں تبدیلیاں۔۔۔ سے کتاب کے اصل موضوع کا آغاز ہوتا ہے جس میں مصنف احتشام الحسن مجاہد نے لکھا کہ

اردو صحافت کو سائبر دور سے جوڑنے میں روزنامہ سیاست نے پہل کی اور ۱۵ اگسٹ ۱۹۸۸ سے روززنامہ سیاست دستی کتابت کے بجائے کمپیوٹر کمپوزنگ سے آراستہ ہو کر شائع ہونے لگا۔ اور اس کے لئے دفتر سیاست پر ایک عصری کمپیوٹر اور لیزر پرنٹر خریدا گیا تھا۔ سیاست کے اجراء کے چالیس سالہ جشن کے موقع پر اخبار کو کمپیوٹر طباعت سے ہم آہنگ کرنے کے مشن پر لکھے گئے تبصرے کو کمپیوٹر پر اردو خط تیار کرنے والے اس وقت کے ماہر کمپیوٹر اشہر فرحان فرزند انور معظم و جیلانی بانو اور کمپوزر سید شاہ عبد القدیر کی نگرانی میں لکھا گیا جس میں اخبار کے مدیر و بانی جناب عابد علی خان نے لکھا کہ "سیاست چالیس سال بعد کمپیوٹر کی جانب قدم اٹھا رہا ہے۔ اور اللہ کا فضل ہے اور قارئین کے تعاون سے یقین ہے کہ اردو زبان کی مشکلات کے باجود سیاست اس صدی کے تقاضوں کی تکمیل کے لئے دوسری زبانوں کے اخبارات کے قافلہ میں ان کا ہم پلہ رہے گا"۔ عابد علی خان نے اپنے اس اداریے میں نوجوان نسل پر زور دیا کہ وہ تبدیلی کے اس سفر میں اخبار کا ساتھ دیں۔ اردو خط کی تیاری میں حیدرآبادی نوجوان اشہر فرحان اور ان کے ساتھیوں نے اہم کام کیا۔ اردو اخبارات کو کمپیوٹر سے جوڑنے میں اہم کام اردو خط کی تیاری تھی جس پر صاحب کتاب نے تفصیلی روشنی ڈالی چنانچہ وہ لکھتے ہیں کہ "اردو کمپوزنگ کے لئے اردو سافٹ ویر کی ضرورت تھی جس کی تیاری میں ہندوستان کے علاوہ پاکستان کے چند ماہرین کی خدمات کو اولیت حاصل ہے۔ پاکستان میں انعام علوی کا نام سر فہرست ہے تو ہندوستان میں حیدرآبادی نوجوانوں جاوید، اشہر فرحان اور ۳ Octacle Computers کے کرتا دھرتا دو نوجوان ایوب اور طارق کے نام اردو سافٹ ویر کے بانیوں میں شمار کئے جاتے ہیں۔" اردو خط کی تیاری سے اردو ان پیج سافٹ ویر کا سفر اور پیج میکر اور دیگر ترقیات کے بارے میں مصنف احتشام الحسن مجاہد نے بے حد قیمتی معلوماتی مواد پیش کیا

ہے۔ جو اردو زبان کو کمپیوٹر سے ہم آہنگ کرنے کی ایک تاریخی دستاویز سے کم نہیں۔ ان پیج کے ساتھ کورل ڈرا۔ فوٹو شاپ اور دیگر ضروری سافٹ ویر کی معلومات بھی کتاب کا حصہ ہیں۔ سیاست کے بعد حیدرآباد کے روزناموں رہنمائے دکن منصف وغیرہ میں کمپیوٹر کی آمد کی تفصیلات اور دیگر تبدیلیاں اس باب میں شامل کی گئی ہیں۔کتاب کے اگلے باب میں احتشام نے حیدرآباد سے آن لائن جاری ہونے والے اردو اخبارات کی تفصیل پیش کی ہے۔کتاب کے آخری باب میں سائبر دور میں اردو اخبارات اور صحافیوں کے مسائل پر توجہ دلائی گئی کہ اردو اخبار کے صحافیوں کو انگریزی ٹیلی پرنٹر سے دستیاب ہونے والی خبروں کے ترجمے پر انحصار کرنا پڑتا ہے۔یو این آئی کی اردو سرویس اور پی ٹی آئی کی انگریزی سرویس کی خبروں کی زبان میں فرق پایا جاتا ہے۔ سینئیر تجربہ کار صحافی ترجمے پر انحصار کرتے ہیں۔ اور وہ کمپیوٹر کے استعمال سے واقف نہیں۔نئے صحافی کمپیوٹر سے واقف ہیں لیکن ان میں خبروں کی اہمیت اور ان کے انتخاب اور ترتیب کا تجربہ نہیں۔ جسے اردو صحافت دور کرنا چاہئے۔ اخبارات کے لئے اشتہارات کے تراجم کی مجبوریوں کا بھی ذکر اس کتاب میں ہے۔کتاب کے آخر میں احتشام نے اس امید کا اظہار کیا کہ دیگر زبانوں کی طرح اردو صحافت بھی آن لائن صحافت سے موبائل صحافت کی جانب قدم بڑھائے گی۔ مجموعی طور سائبر ٹیکنالوجی کی معلومات رکھنے والے عصر حاضر کے صحافیوں اور اردو اخبارات کے لئے احتشام الحسن مجاہد کی یہ تصنیف 'سائبر دور میں حیدرآباد کے روزنامے "معلومات اور صحافتی تاریخ کا اہم دستاویز ہے۔کتاب کی ترتیب میں انگریزی اور اردو کتابوں کے حوالوں انٹرنیٹ سے استفادے اور قدیم اور جدید دور کے صحافیوں کے انٹرویو سے مدد لی گئی ہے۔ایک ایسے دور میں جب کہ قومی کونسل برائے اردو زبان دہلی اور حکومت ہند کی جانب سے اردو کو سیل فون اور کمپیوٹر سے جوڑنے کے لئے جدید سافٹ

ویر کا اجراء عمل میں آیا ہے۔ اور یونیکوڈ نظام سے ہم آہنگ ہو کر اردو زبان اور اردو صحافت کا مواد ان پیج کی تصویری صحافت سے نکل کر گوگل کے سرچ انجن میں دستیاب ہونے لگا ہے۔ احتشام الحسن کی یہ تصنیف اردو سائبر ٹیکنالوجی کے قدیم اور جدید دور کا سنگ میل ہے۔ جس کے لئے کتاب کے مصنف قابل مبارک باد ہیں۔ انفارمیشن ٹیکنالوجی کو ظاہر کرتے ٹائٹل اور اختراعی نوعیت کی طباعت سے لیس یہ کتاب مصنف سے حاصل کی جاسکتی ہے۔

A Review on "Hyderabad urdu dailies in cyber age" by Ehteshamul Hasan Mujahid. Reviewer: Dr. Aslam Faroqui

***

۵

تبصرہ کتاب: اردو کے چھوٹے اخبارات کے مسائل وامکانات

محمد عبدالعزیز سہیل

تبصرہ: اردو کے چھوٹے اخبارات کے مسائل وامکانات

مصنف: اعجاز علی قریشی

مبصر: محمد عبدالعزیز سہیل

صحافت کو ملک کا چوتھا ستون قرار دیا جاتا ہے اور اردو صحافت نے ہندوستان کی سیاسی و سماجی زندگی اور جدجہد آزادی کے فروغ میں اہم کردار ادا کیا تھا۔ اور اردو کے چھوٹے اور بڑے اخبارات نے عوام کے شعور بیداری کی اپنے طور پر کامیاب کوشش کی تھی۔ بیسویں صدی میں دیگر زبانوں کے ساتھ اردو صحافت نے بھی عصری تقاضوں سے ہم آہنگی حاصل کی۔ اور طباعت و اشاعت کے مراحل میں ترقی ہوئی۔ روزنامہ اعتماد، منصف، سیاست، رہنمائے دکن، راشٹریہ سہارا، انقلاب، قومی سلامتی 'قومی آواز وغیرہ جیسے قومی اخبارات ملک گیر سطح پر اپنا احساس دلاتے ہیں اور عوامی شعور بیداری کیلئے جدوجہد کر رہے ہیں ایسے میں دوسری طرف اردو کے چھوٹے اخبارات بھی علاقائی

اور مقامی سطح پر اپنی کوشش جاری رکھے ہوئے ہیں۔ ہندوستان کے تمام بڑے اور چھوٹے شہروں سے کئی چھوٹے اخبارات جاری ہوتے ہیں جو مالی مسائل سے دوچار ہونے کے باجود اپنے مدیران کی ذاتی جستجو سے اشاعت کے مراحل سے گذر رہے ہیں۔ اردو کے چھوٹے اخبارات کی علاقائی اہمیت ہے اور جو خبریں کسی بڑے اخبار کی زینت نہ بنتی ہوں وہ چھوٹے اخباروں میں نمایاں طور پر شائع ہوتی ہیں۔ اور اپنے علاقے کے مسائل اور سیاسی و سماجی 'تہذیبی و ثقافتی سرگرمیوں کو بہتر انداز میں پیش کرتی ہیں۔ اس طرح صحافت کی دنیا میں چھوٹے اخبارات کی اہمیت اپنی جگہ مسلمہ ہے۔ لیکن ان اخبارات کو اشتہارات نہ ملنے اور حکومت کی جانب سے مناسب امداد نہ ملنے کی شکایت ہے۔ اردو کے چھوٹے اخبارات کے مسائل کو اجاگر کرنے کے لئے حالیہ دنوں "اردو کے چھوٹے اخبارات کے مسائل و امکانات (حیدرآباد کا جائزہ)" کے موضوع پر جناب اعجاز علی قریشی صاحب ایڈوکیٹ کی قیمتی و معزز آراء تصنیف شائع ہوئی ہیں ویسے اعجاز علی قریشی صاحب پیشہ سے وکیل ہیں ساتھ ہی جرنلزم میں بھی وہ اردو صحافت کی نمائندگی کرتے ہوئے نظر آتے ہیں۔ اعجاز علی قریشی صاحب کی شخصیت آندھراپردیش میں ایک سماجی جہد کار کے طور پر تسلیم کی جاسکتی ہیں انکی یہ تصنیف اردو جرنلزم کورس کے تحت کی جانے والی تحقیق کا حصہ ہے۔
زیر تبصرہ کتاب کا پیش لفظ اردو صحافت کی ممتاز و مایہ ناز شخصیت اور شفیق استاد پروفیسر محمد مصطفی علی سروری صاحب صدر شعبہ اردو ترسلی وعامہ وصحافت مولانا آزاد نیشنل اردو یونیورسٹی حیدرآباد نے رقم کیا ہے۔

پروفیسر محمد مصطفی علی سروری صاحب نے اپنے پیش لفظ میں لکھا ہے "اردو زبان و ادب اور صحافت کے حوالے سے میرا یہ ماننا ہے کہ 'اردو زبان دراصل دیوانوں کے شانوں پر پل رہی ہے' اس کتاب کے مصنف اعجاز علی قریشی ایڈوکیٹ کو بھی میں انہی

لوگوں میں شمار کرتا ہوں۔ ان کی یہ کتاب دراصل ان کی جرنلزم کورس کے دوران کی جانے والی تحقیق کا نچوڑ ہے (ص ۵)

زیر تبصرہ کتاب کے موضوعات اسطرح سے ہیں "حیدرآباد سے شائع ہونے والے اردو کے چھوٹے اخبارات کے مسائل اور امکانات"، "اردو اور حیدرآباد"، اردو صحافت کا شہر حیدرآباد"، حیدرآباد میں اردو صحافت کی تاریخ، اردو صحافت کی ترقی کے لیے کیا کرنا چاہیے"، ، حیدرآباد میں اردو اخبارات کی خدمات"، فہرست اخبارات، اردو اخبارات کے مدیران کی مشکلات، امکانات اردو اخبارات کی ترقی کیلئے، اردو صحافت کے مسائل، اردو صحافت اور حیدرآباد، اردو ذرائع ابلاغ انٹرنیٹ اور حیدرآباد،، حیدرآبامیں اردو صحافت کی اثر پذیری، متنوع مسائل ، اردو صحافت کا تاریخی پس منظر۔ اپنی کتاب کے پہلے مضمون میں مصنف نے اس نقطہ نظر کا اظہار کیا ہے کہ "حیدرآباد کے بے شمار اردو اخبارات ان کے ایڈیٹران اپنے ذاتی خرچ پر شائع کرتے ہیں حکومت یا کوئی ادارے کی معاونت انہیں حاصل نہیں ہوتی" انہوں نے اپنے اس مضمون میں مفروضہ قائم کرتے ہوے یہ سوال اٹھایا ہے کہ اردو اخبارات اردو کی ترقی میں کیا رول ادا کر رہے ہیں اردو اخبارات کے مدیران کو کیا مشکلات در پیش ہیں، دیگر زبانوں کے اخبارات کی طرح اردو کے اخبارات کو کیا سہولتیں مہیا ہے۔ اردو اخبارات کی ترقی کیلئے کیا کرنا چاہیے ان ہی چار نکات کے پیش نظر انہوں نے اپنی اس تحقیق کو انجام دیا ہے کتاب کا دوسرا عنوان 'اردو اور حیدرآباد' کے موضوع پر فاضل مصنف نے شہر حیدرآباد کو اردو کا گھوارہ قرار دیا ہے ساتھ ہی جامعہ عثمانیہ اور مولانا آزاد نیشنل اردو یونیورسٹی حیدرآباد میں اردو کی صورتحال پر غور کیا ہے اور آخر میں لکھا ہے "اردو کی شمع کو روشن رکھنے کا اعزاز اردو اخبارات کو بھی جاتا ہے جن میں اردو کے چھوٹے اخبارات بھی شامل ہیں" (ص ۱۲)

زیر تبصرہ کتاب کا تیسرا باب 'اردو صحافت کا شہر حیدرآباد" ہے جس میں انہوں نے سجن لال صاحب کے حوالے سے آفتاب دکن کو حیدرآباد کا پہلا اخبار قرار دیا ہے جو ۱۸۶۰ء میں شائع ہوا۔ اس مضمون میں ۱۸۶۰ء کے آفتاب دکن سے ۱۹۴۹ء رہنمائے دکن تک کے اخبارات کا مختصراً تذکرہ کیا گیا ہے۔ ایک اور باب حیدرآباد میں اردو صحافت کی تاریخ کے عنوان سے شامل ہے اس عنوان کے تحت رسالہ طباعت ۱۸۵۹ء کے اشاعت کے مقاصد بیان کیے جو کہ ۱۸۵۹ء تا ۱۹۴۷ء تک کے رسائل و اخبارات کا مختصراً احاطہ کیا گیا ہے۔ اس مضمون میں مزید معلومات کی گنجائش پائی جاتی ہیں۔

زیر تبصرہ کتاب میں اعجاز علی قریشی صاحب نے ایک طرف تو اردو صحافت کی تاریخ اور مسائل کو پیش کیا ہے وہیں انہوں نے تجاویز اور امکانات کو بھی بیان کیا ہے دیگر موضوعات کے برعکس یہ عنوان 'اردو اخبارات کی ترقی کیلئے کیا کرنا چاہیے! کافی اہمیت کا حامل ہے اس میں چھوٹے اخبارات کیلئے مختلف اور اہم تجاویز درج کی گئی ہیں۔ ایک اور عنوان "حیدرآباد کے اردو اخبارات کی خدمات کے تحت شامل ہیں جس میں کسی اخبار کا نام کا تذکرہ کیے بغیر عمومی خدمات کو پیش کیا گیا ہے ساتھ ہی آندھرا پردیش حکومت کی جانب سے جن ۲۰۵ اخبارات ورسائل کو اشتہارات جاری کیے جارہے ہیں ان کی فہرست دی گئی ہیں۔ فاضل مصنف نے اپنی اس کتاب میں چھوٹے اخبارات کے جن مسائل کو بیان کیا ہے وہ تمام کے تمام ہی قابل قبول ہیں مگر ضرورت اس بات کی ہے کہ حکومت اور صحافتی انجمنیں ان مسائل کے حل کیلئے سنجیدہ کوشش کریں انہوں نے حل کے طور پر جن امکانات کو بیان کیا ہے وہ قابل تقلید ہیں۔

اس کتاب میں بلکل سیدھے سادے اسلوب میں اعجاز علی قریشی صاحب نے اردو

کے چھوٹے اخبارات کے مسائل اور ان کا حل کے متعلق تجاویز رکھی ہیں لیکن جو معلومات صحافت کی تاریخ اور اخبارات کی خدمات سے متعلق ہیں ان کا مکمل احاطہ کیا جاتا تو بہت اچھا ہوتا۔ خیر اس موضوع پر ان کی اس تصنیف نے صحافت کے میدان میں نئے گوشوں کو تلاش کرنے کے مواقع فراہم کیے ہیں اس عنوان کے تحت مزید تحقیقی کام کی گنجائش ہے، اعجاز قریشی نے اپنی کتاب کے ذریعے اس موضوع پر نئے گوشوں کو تلاش کرنے کا موقع فراہم کیا ہے۔ اعجاز علی قریشی صاحب قابل مبارکباد ہیں کے انہوں نے بہت ہی اچھے موضوع کو منتخب کیا ہے اور اعلی درجہ کی اطلاعات و معلومات فراہم کی ہیں یہ انکی دوسری تصنیف ہے اس موقع پر میں انہیں تہہ دل سے مبارکباد پیش کرتا ہوں اور امید بھی کرتا ہوں کہ یہ تصنیف ملک گیر سطح بلخصوص آندھراپردیش میں اردو ادب اور صحافت کے طالب علموں اور اساتذہ اور اس شعبے سے تعلق رکھنے والے احباب کیلئے معلومات کا ذخیرہ ہے۔

A Review on "Problems and Prospects of Small Urdu Newspapers" by Aijaz Ali Qureshi. Reviewer: M.A.A.Sohail

***

٦

ملی گزٹ-ہواؤں سے الجھتی روشنی کو اعتبار کامرانی کون دے گا

علم اللہ اصلاحی

اگر سچ مچ "ملی گزٹ "ڈوب گیاتو!

ہواؤں سے الجھتی روشنی کو اعتبار کامرانی کون دے گا

ابھی حال ہی میں معروف انگریزی جریدہ ملی گزٹ کے تازہ شمارے میں یہ خبر آئی ہے کہ تقریبا ۱۴ برسوں سے شائع ہونے والا یہ اخبار بند ہونے والا ہے۔

اخبار کے مدیر ڈاکٹر ظفر الاسلام نے صفحہ اول پر قارئین کو بڑی خبر سناتے ہوئے اپنی پریشانیوں کا ذکر نہایت مفصل انداز میں کیاہے، جس سے یہ بھی اندازہ ہوتا ہے کہ "ملی گزٹ "اور" مدیر ملی گزٹ "نے مرحلہ وار سطح پر پریشانیوں اور دشواریوں کا طویل سفر طے کیا جس کے بعد ہی یہ فیصلہ سامنے آیا۔ اس ضمن میں مدیر ملی گزٹ لکھتے ہیں:

"موقر قارئین کو یہ بتاتے ہوئے مجھے انتہائی افسوس اور مشکل مرحلہ درپیش ہے کہ ہم نے ملی گزٹ کے پرنٹ ایڈیشن کو نہ چاہتے ہوئے بھی ایک طویل عرصہ کے بعد کلی

طور پر بند کرنے کا فیصلہ کیا ہے۔ آنے والے ۱۵ اکتوبر کا رسالہ آخری ہو گا۔۔۔جب ۲۰۰۰ میں اس اخبار کے اشاعت کی ابتداء کی تو سوچا تھا کہ دو تین سال میں یہ خود کفیل بن جائے گا اور اس کو ہفتہ وار کر دیا جائے گا اور اسے ملت سے دلچسپی رکھنے والی قابل اعتماد ٹیم کے حوالہ کر دیا جائے گا۔ اخبار میں میری حیثیت محض ایک نگراں کی ہو گی۔ میں ابتدائی دو تین سال میں اخبار کے اخراجات برداشت کرنے اور اپنی خدمات دینے کیلئے بھی پوری طرح آزاد تھا۔ مگر ان تمام تر قربانیوں اور اخبار کو ملنے والی کامیابیوں نیز ملی گزٹ کو ملنے والے وقار و اعتبار کے باوجود اخبار ملکی و عالمی پیمانے پر وہ مرتبہ صحیح معنوں میں حاصل نہیں کر سکا جس کا وہ اہل تھا۔ ہمارا خیال تھا کہ قوم سے وابستہ افراد اس کی زیادہ سے زیادہ کاپیاں خریدیں گے اور اشتہارات کے ذریعہ اس کو مضبوط بنانے کی کوشش کریں گے۔ لیکن ایسا نہیں ہو سکا اور نتیجہ کے طور پر ہم اعلی درجہ کے صحافی اور وقائع نگار نہیں رکھ سکے، جبکہ ایڈیٹنگ کے علاوہ بس مجھے اسٹوری لکھنا، صفحہ سازی، یہاں تک کہ بسا اوقات اخبار کی تزئین اور ترتیب کی ذمہ داری بھی میرے سر پر آن پڑی۔ اور میرا سارا وقت اسی میں لگنے لگا۔ حالانکہ ایک محقق اور ریسرچ اسکالر کے طور پر میرے وہ تحقیقی اور علمی کام پڑے کے پڑے ہی رہ گئے جو میرے منصوبے میں شامل تھے۔ اس ذمہ داری میں میرے علاوہ میرے خاندان کے کم از کم دو افراد بھی بغیر معاوضہ کے کام کرتے رہے۔ میرا گھر بھی آہستہ آہستہ ملی گزٹ ہاؤس میں تبدیل ہو گیا اور اس کی پرانی کاپیاں اور کاغذات جمع ہونے کی وجہ سے الماریاں بھر گئیں۔۔۔"

میں نے یہاں اخبارِ ہذا کے مدیر کی تحریر کے محض چند سطروں کا ترجمہ پیش کیا ہے، ورنہ پورا مضمون دل و دماغ کو جھنجھوڑ کر رکھ دینے والا ہے۔ اس مضمون کو پڑھنے کے بعد خود مجھ کیا گذری، میں اپنے جذبات کو یہاں بیان نہیں کرنا چاہتا۔ مجھے زیادہ افسوس اس

وقت ہوا جب میرے چند احباب نے مجھ سے کہا کہ یہ محض چندہ بٹورنے کا ایک حیلہ ہے۔ میں ذاتی طور پر ڈاکٹر صاحب کی تربیت میں رہا ہوں۔ کئی مرتبہ مجھے ان کی معیت میں سفر کرنے اور ان کی علمی و ادبی صلاحیتوں سے برابر فیضیاب ہونے کا موقع ملتا رہا ہے۔ ان دنوں بھی ان کی نگرانی میں ایک تاریخی دستاویز پر کام جاری ہے اور ہر دن کچھ نہ کچھ نیا سیکھنے کو مل رہا ہے۔ میں خود اس ادارے سے دو سال تک وابستہ رہا ہوں اس لئے اس ادارہ کے اچھے برے حالات سے بھی واقف ہوں۔ اپنے احباب کی اس طرح کی باتوں سے مجھے جب اتنی تکلیف ہوئی تو اندازہ لگایا جا سکتا ہے کہ ان تمام مراحل میں خود مدیر محترم نے کن کن حالات کا سامنا کیا ہو گا اور اس درمیان انھیں کیسی کیسی مصیبتیں برداشت کرنی پڑی ہوں گی۔

میرے چند احباب نے اس مضمون کو اپنے فیس بک کی ٹائم لائن پر بھی لگایا ہے اور اس پر مثبت و منفی دونوں قسم کے تبصرے آرہے ہیں۔ بحیثیت ریسرچ اسکالر و صحافی مجھے اس خبر سے جو صدمہ پہنچا، اسے میں بیان نہیں کرنا چاہتا۔ لیکن مجھے یہ بھی معلوم ہے کہ اس طرح کے صدمہ سے اور بھی بہت سارے لوگ دوچار ہوئے ہیں۔

ملی گزٹ کے سرکولیشن مینیجر کوثر عثمانی نے مجھے بتایا کہ کولکاتہ سے اخبار کی خریداری کیلئے ایک خاتون نے فون کیا اور جب ہم نے انھیں یہ اطلاع دی کہ اب سبسکرپشن ہم نے بند کر رکھی ہے تو ان کی حیرانی کی انتہا نہ تھی۔ خاتون کا بیان تھا کہ اس خبر سے مجھے ایسا لگا جیسے سچ مچ میرے کسی انتہائی عزیز کا انتقال ہو گیا ہے اور جذبات پر وہ قابو نہ رکھ سکیں اور پھوٹ پھوٹ کر رو پڑیں۔ اس سلسلہ میں میں نے خود مدیر محترم سے بات کی تو گرچہ وہ مسکراہٹ کے ساتھ جواب دے رہے تھے جو ان کا عام شیوہ ہے لیکن ایسا محسوس ہو رہا تھا کہ انھیں بہر حال اس کا غم ہے۔ اور غم کیوں نہ ہو جس کو انھوں نے

چودہ سال تک اپنے خون جگر سے صرف قوم کی محبت اور خدمت کے جذبہ سے انتہائی مختصر ٹیم کے ساتھ بے سرو سامانی کے عالم میں شروع کیا تھا، اپنوں کی بے رخی اور غیروں کے ستم نے ایک قدم بھی آگے بڑھنے نہ دیا۔ اپنوں کے طعنے تو برابر ملتے ہی رہے وہیں آئے دن دھمکی بھرے ای میل اور فون کا ایک اضافی سلسلہ بھی جاری رہا لیکن اسے بہر حال ہمت اور حوصلہ سے ہی تعبیر کرنا پڑے گا کہ انھوں نے نامساعد حالات کے باوجود اتنا لمبا عرصہ طے کیا اور سچ تو یہ بھی ہے کہ 'ملی گزٹ' کی اشاعت کا یہ طویل سلسلہ مدیر ملی گزٹ کی اعلیٰ ہمتی، حوصلہ مندی اور نیک نیتی کے نمونہ کی صورت میں جاری بھی رہا۔ اللہ تعالی یقینا انھیں اس کے اجر سے نوازے گا۔

ایک ایسے اخبار کا بند ہو جانا مسلمانان ہند کے لئے شرم اور عار کی بات ہے۔ وہ بھی ایسی صورت میں جبکہ ہندوستانی مسلمان لاکھوں بلکہ کروڑوں روپئے رشوت ، شادی ، دکھاوا، شہرت اور غیر ضروری و غیر اسلامی چیزوں میں ضائع کر دیتے ہیں انھیں اس بات کی توفیق نہیں ہوتی کہ وہ ایسے سنجیدہ اور علمی کام میں بھی کچھ خرچ کر لیا کریں۔ ایسا لگتا ہے جیسے ہماری ہندوستانی قوم کے مقدر میں ہی محرومی اور بے بضاعتی لکھ دی گئی ہے۔ انگریزوں کے ذریعہ جاری کردہ اخبارات 'ٹائمس آف انڈیا'، 'ہندوستان ٹائمس'، 'دی پائینیر'، 'ٹیلی گراف' اور دوسرے کئی اہم جریدے آج بھی نکل رہے ہیں یہ الگ بات ہے کہ انہیں کارپوریٹ گھرانوں نے خرید لیا ہے۔ مگر ان کی حیثیت اور اہمیت آج بھی برقرار ہے۔ اس کے برعکس جب ہم مسلمانوں کے ذریعہ جاری کردہ اخبارات پر نظر دوڑاتے ہیں تو مایوسی ہی ہاتھ آتی ہے۔

آخر کیا وجہ ہے کہ ملت اسلامیہ ہند کے افراد یا انجمن کے ذریعہ نکالے گئے اخبارات جاری نہیں رہ پاتے۔ کسی بھی اخبار کو دیکھئے، دو چار سال سے زیادہ کا عرصہ شاید

ہی نکال پایا ہو یا ابھی چلنا شروع کیا ہو کہ اس نے دم توڑ دیا۔ رئیس الاحرار مولانا محمد علی جوہر نے انتہائی دکھ کے ساتھ کہا تھا کہ:

"مسلمانوں کی مفت خوری نے مجھے کامریڈ بند کرنے پر مجبور کیا"۔

جاننے والے جانتے ہیں کہ آزادی سے قبل صحافت کی دنیا میں 'کامریڈ' یا 'زمیندار' کا کیا مقام تھا بلکہ یہ کہا جائے تو غلط نہ ہو گا کہ انگریز حکومت کسی اخبار یا رسالہ سے خوف کھاتی تھی تو وہ ایسے ہی اخبارات تھے، اور اسی وجہ سے انھیں بار بار ضبط کیا جاتا اور انھیں ہراساں کیا جاتا تھا۔ لیکن اس کے باوجود ان بزرگوں نے وہی لکھا اور شائع کیا جو صحافت کا بنیادی تقاضا تھا۔ اس حق گوئی کے سبب ان اخباروں کے ذمہ داران کو جیل بھی جانا پڑا، ان کی جائیدادیں قرق بھی کی گئیں، یہ لوگ دیوالیہ بھی ہوئے مگر اس کے باوجود حق سے منہ نہیں موڑا۔ لیکن ان کی بس ایک ہی مجبوری تھی جس کا انھوں نے کئی مرتبہ اظہار بھی کیا تھا۔ وہ تھی اخبار کے تئیں مسلمانوں کی انتہائی قابل مذمت بے نیازی جس کے باعث ایسے مضبوط اور توانا اخبار کو بھی بند کرنا پڑا۔ ایک ایسے عہد میں جبکہ میڈیا کو ضروریات زندگی کا جو لازمی حصہ تصور کیا جارہا ہے، یہ تحقیق اور ریسرچ کا موضوع ہے کہ آخر اس کی وجہ کیا ہے کہ "مسلم میڈیا" کا دائرہ سمٹتا جارہا ہے؟ اس سے قطع نظر اس بات کا ذکر کئے بغیر بھی ہم نہیں رہ سکتے کہ بہت سارے لوگوں نے اخبارات خصوصاً انگریزی اخبار نکالنے کے نام پر قوم کو گمراہ کرنے اور لوگوں کو بے وقوف بنانے میں کوئی دقیقہ فروگذاشت نہیں کیا ہے۔ اردو میں مسلم صحافت چھوڑ کر، کمیونٹی سے وابستہ افراد نے گزشتہ سو سال ایک مضبوط اور معیاری انگریزی اخبار نکالنے کے لئے بے تحاشا ہاتھ پاوں مارے ہیں۔

مولانا محمد علی جوہر (۱۸۷۶-۱۹۳۱) کامریڈ اور محمد علی جناح (۱۸۷۶-۱۹۴۸) کی

سرپرستی میں ۱۹۴۱ میں دہلی سے ڈان شائع ہوا تھا۔ جس میں کامریڈ بمشکل ۳ سال، ۱۹۱۱-۱۴ تک جاری رہ سکا۔ جبکہ ڈان آزادی کے بعد محمد علی جناح اپنے ساتھ پاکستان لے گئے۔ اور کئی تاریخی شواہد کے مطابق اگست ۱۹۴۷ اور ابتدائی ۱۹۵۰ کے درمیان، مسلم مسائل پر آواز اٹھانے کے لئے ان کا کوئی انگریزی پریس نہیں تھا۔ ۱۹۵۰ سے ۱۹۶۰ کے درمیان صرف دو اخبارات ایسے تھے جو مسلم مسائل سے دلچسپی رکھنے والے مسائل کا احاطہ کرتے تھے ایک کلکتہ کا 'وکٹر کرٹیز' جو ایک بیلجئیم کیتھولک کا تھا یہ اخبار ۱۹۵۵ سے ۱۹۶۰ تک جاری رہا۔ دوسرا انڈین یونین مسلم لیگ کا 'سیرت' جو ۱۹۶۰ مدراس سے شائع ہونا شروع ہوا تھا۔ خود قومیت کا دعویٰ کرنے والی ملک کی معروف تنظیم جمعیۃ علماء ہند نے ایک انگریزی اخبار شروع کرنے کے لئے ۱۹۶۰ میں ٦ لاکھ روپے جمع کئے لیکن مقصد کو پورا کرنے میں ناکام رہی۔ اور اخبار آج تک نہیں نکل سکا۔ قوم کے ذریعہ دی گئی رقم کس کے جیب میں گئی؟ کس نے اس سے فائدہ اٹھایا یا قوم کو اس سے کیا فائدہ پہنچا، آج تک معلوم نہیں ہو سکا۔

جماعت اسلامی ہند کے تحت ۱۹۶۳ سے نکلنے والے ہفت روزہ انگریزی جریدہ "ریڈینس" کی کیا حالت ہے، اس اخبار کو پڑھنے والے افراد بخوبی جانتے ہیں۔ اس میں کوئی شک نہیں کہ ٦۰ کی دہائی تک اس اخبار نے قوم کی اچھی رہنمائی کی ہے اور اس کے ذریعہ قوم کو معیاری مضامین اور تبصرے و خبریں پڑھنے کو ملے لیکن فی زمانہ وہ محض جماعت اسلامی کا ایک ترجمان بن کر رہ گیا۔ اس احساس کے زیر اثر سید شہاب الدین نے جو ایک ریٹائرڈ آئی ایف ایس افسر اور سیاستدان ہیں، ۱۹۸۳ میں "مسلم انڈیا" نکالا لیکن یہ بھی بہت جلد قوم کی بے حسی کے حصار میں چھپ گیا۔ ۱۹۸۹ کے آس پاس سید حامد نے بھی اخبار نکالنے کیلئے لاکھوں روپئے جمع کئے۔ جس کے ممبران میں سید حامد کے علاوہ حکیم عبد

الحمید اور ڈاکٹر اشتیاق قریشی جیسی شخصیات شامل تھیں۔ اور جسے مولانا ابوالحسن علی ندوی کی سفارش پر عرب ممالک سے ایک خطیر رقم عطا کی گئی تھی تاکہ اس رقم کے ذریعہ اخبار نکالا جائے۔ اور جو رقم بعد میں بنگلور کے سعادت اللہ خان کے پاس ودیعت رکھی گئی کہ اس سے انٹرنس کی شکل میں حاصل ہونے والی رقم سے اخبار کو جاری رکھنے میں مدد مل سکے گی۔ ایسا نہیں ہے کہ وہ اخبار نہیں نکل رہا ہے لیکن اس نے کس حد تک اس خلا کو پورا کیا ہم واقف ہیں۔ آج بھی نویڈا سے یہ اخبار نو سکھئے اور ناتجربہ کار افراد کے ہاتھوں نکل رہا ہے، معیار اور میڈیا کی دنیا میں اس کے مقام کی بابت ہم کچھ نہیں کہیں گے۔

بنگلور کے "اسلامک وائس" میں زیادہ تر مضامین اسلامیات اور حج و زکوۃ و نماز سے ہی متعلق شائع کئے جاتے ہیں۔ یعنی اگر یہ کہا جائے تو بے جا نہ ہوگا کہ اس کی نوعیت محض ایک ثقافتی جریدہ کی ہے۔

اسی طرح کلکتہ سے نکلنے والا 'ایسٹرن کریسینٹ' یا اس جیسے اخبارات کا معیار کیا ہے، اس سے بھی سبھی واقف ہیں۔ ویسے بھی آزادی کے بعد بہ زبان انگلش مسلمانوں کی ترجمانی کا فریضہ انجام دینے والا کوئی ایک اخبار بھی ایسا منظر عام پر نہ آسکا جو مسلمانوں کے جذبات و احساسات کی ترویج و تشہیر کو یقینی بنائے۔ ایسے میں ملکی و غیر ملکی میڈیا کے ذریعہ کس طرح مستقل طور پر مسلمانوں کے تعلق سے منفی انداز میں خبریں شائع کی جاتی رہی ہیں، یہ کسی سے بھی مخفی نہیں ہے۔ چنانچہ اس ماحول میں ایسے اخبارات کی اشد ضرورت محسوس کی جاتی رہی ہے جو کہ میڈیا میں مسلمانوں کے مثبت رجحانات کو فروغ دے۔ لیکن ہم یہ بھی کہہ سکتے ہیں کہ ہندوستان کی مسلم امت میڈیا کے اس دائرۂ کار کو توسیع نہ دے سکی۔ ایسے ستمگرانہ ماحول میں ملی گزٹ کی اشاعت کی موقوفی کی خبر مسلمانوں پر بجلی گر جانے کے مترادف ہی کہلائے گی۔

اس کے باوجود ہماری بے حسی کا عالم یہ ہے کہ قوم کی ترجمانی کرنے والا زندہ اور سطر سطر بولنے والا ایک معیاری اور پرانا اخبار بند ہو جانے کا اعلان کرتا ہے اور ہمارے کانوں میں جوں تک نہیں رینگتی ہے۔ ہمارے ایک انتہائی عزیز دوست اور صحافت و ادب سے دلچسپی رکھنے والے نوجوان، جو خود بھی 'تعمیر نیوز' کے نام سے ایک نیوز پورٹل چلاتے ہیں، نے بجا طور پر اس پر تبصرہ کرتے ہوئے اپنی فیس بک وال پر لکھا ہے:

'ہماری قوم چٹ-پٹی خبروں، مسالا فوٹوز والے انگریزی اخبار دس روپئے دے کر بھی ضرور خریدے گی مگر اپنی قوم کی درست خبریں دینے والا اخبار مذہبی رشتہ داری کے ناطے مفت وصول کرنا چاہتی ہے'۔

جنوبی ہند سے تعلق رکھنے والے ایک اور صحافی شیخ احمد علی جنھیں انگریزی اور اردو پرنٹ و آن لائن صحافت کا دیرینہ تجربہ حاصل ہے، نے یوں تبصرہ کیا ہے کہ:

'اب وہ مزید نقصان نہیں اٹھائیں گے۔ ہماری قوم کے زیادہ تر لوگ اور تنظیمیں ساری ہی چیزیں مفت حاصل کرنا چاہتی ہیں۔ میڈیا گھرانے اخبار کے لئے سرمایہ لگاتے ہیں معلومات اکٹھا اور حاصل کرنے کیلئے، لیکن سبھی اس سے فائدہ محض مفت میں حاصل کرنا چاہتے ہیں اور اگر آپ ان سے پیسوں کا تقاضا کر دیجئے تو لڑنے بھڑنے کیلئے تیار ہو جائیں گے۔'

ان عزیزوں کی بات میں سچائی ہے یا نہیں یہ قارئین خود اندازہ لگا سکتے ہیں۔ آج ہندوستان کے تمام اقلیتی فرقے اپنی نمائندگی کیلئے اخبارات و رسائل شائع کر رہے ہیں۔ مسلمانوں کے ذریعہ شروع کئے گئے اخبارات یا تو کلیتاً دم توڑ چکے ہیں یا کارپوریٹ گھرانوں نے خیرہ کر دینے والی چمک کا انہیں شکار بنالیا گیا ہے، کچھ ہیں بھی تو ان کی حیثیت پانی میں بلبلے کی سی ہے۔ زیادہ تر کی حیثیت جذباتیت یا احتجاجات تک محدود ہے تو کچھ

دوسرے اسلام دشمن عناصر کے ہاتھوں کھلونا بنے ہوئے ہیں جو انہی سے اپنی قوم کے خلاف زہر اگلواتے ہیں اور وہ آنکھ موند کر اپنے آقا کی ہمنوائی میں ہاں میں ہاں ملانے میں جھجھک محسوس نہیں کرتے۔

جہاں تک اردو اخبارات کی بات ہے تو یہ کہا جاسکتا ہے کہ بہ ظاہر ملک کے ان تمام علاقوں سے جہاں اردو پڑھی اور لکھی جاتی ہے، یہ اخبارات شائع ہوتے ہیں لیکن ان میں ملت کی ترجمانی والی خصلتیں کم ہوگئی ہیں اور جذبات نگاری کا غلبہ ابھر چکا ہے۔

خاص بات یہ بھی ہے کہ ملت کا درد رکھنے والے لوگ اب اردو کا بڑا اخبار نہیں چلارہے ہیں بلکہ کارپوریٹ گھرانہ کہلانے والے کم از کم دو اداروں نے نہایت تیزی کے ساتھ اردو ذرائع ابلاغ کی دنیا میں قدم رکھا اور دیکھتے ہی دیکھتے اُن کا دائرہ وسیع سے وسیع تر ہوتا چلا گیا۔ کارپوریٹ اداروں کے اِن اردو اخبارات سے یہ توقع نہیں کی جاسکتی کہ وہ اسلامیان ہند کے مفادات کے تحفظ کا فریضہ انجام دیں گے۔ ملک کے طول و عرض سے نکلنے والے دوسرے بڑے اردو اخبارات کا مسئلہ یہ بھی ہے کہ اُن کے مالکان کسی مخصوص جماعت یا لیڈر کے ہاتھوں بکے ہوئے ہیں جن کو مسلمانوں اور ان کے مسائل سے کوئی دلچسپی نہیں ہوتی بلکہ ان کیلئے ان کا اپنا مادی مفاد اور حکومت اور ان کے آقاؤں کے مفادات کا تحفظ زیادہ عزیز ہوتا ہے۔ حالانکہ یہ اخبارات ہمیشہ اور ہر آن امت کی بے بسی کا رونا روتے نہیں تھکتے۔

بہر حال ایسے اخبارات جو صحیح معنوں میں قوم کی ترجمانی کرتے رہے ہوں، ان کے بند ہونے کے وجوہات پر غور کرنے سے یہ بات سمجھ میں آتی ہے کہ اگر مسلمان ہونے کی حیثیت سے آپ صحافت کو بھی اسلامی رنگ دینا چاہیں گے ، جھوٹی، پروپیگنڈہ پر مبنی خبروں کی اشاعت سے گریز کا راستہ اختیار کریں گے، زرد صحافت سے سروکار نہیں رکھیں

گے تو ایسے میں کسی بھی اخبار کا چلانا بہر حال محال ہو جائے گا۔ آخرت پر یقین رکھنے والا اور خدا تعالی سے ڈرنے والا کوئی بھی شخص منفی طرز فکر اختیار نہیں کرے گا، گمراہ کن خبروں کو اہمیت نہیں دے گا، چاپلوسی اور کاسہ لیسی کا شعار اختیار نہیں کرے گا، فحش اور شہوت انگیز اشتہارات کی اشاعت سے دامن بچائے گا۔ ظاہر سی بات ہے کہ ایسا کیا جانا اخبارات کیلئے مصیبتوں اور پریشانیوں کا پیش خیمہ اُسی طرح ثابت ہو گا، جس طرح آج ملی گزٹ اور اُس کے مدیر کی پریشانی ہمارے لئے موضوع گفتگو بن رہی ہے۔

ایک کامیاب اخبار کی اشاعت اور اس کی ترویج و ترقی اُسی وقت ممکن ہو سکتی جبکہ اُس کی پشت پر درد مند دل رکھنے والے ملت دوست عملاً کھڑے ہوں اور قوم مسلم کے درمیان اس بات کی تبلیغ کیلئے بھی تیار ہوں کہ اپنی آواز کو طاقت بخشنے اسے سجانے، سنوارنے اور بنانے کی ذمہ داری اپنے کاندھوں پر اُٹھائیں۔ یہ ایک فطری سی بات ہے کہ اگر آپ اس پر دھیان نہیں دیں گے تو آپ کا آشیانہ بکھر جائے گا، گر جائے گا، ختم ہو جائے گا۔ اس کو باقی رکھنے کے لئے آپ کو ہی تگ و دو کرنی ہو گی۔

مجھے یاد پڑتا ہے میں نے کہیں پڑھا تھا۔ مولانا ظفر علی خاں کے "ہمدرد" کے ساتھ بھی ایسا ہی کچھ ہوا تھا اور جب مولانا کی ہمت جواب دے گئی تو انھوں نے قوم کے نام ایک خط لکھ کر اسے بند کر دینے کی بات کہی تھی۔ لیکن قوم نے اس اخبار کو بند نہیں ہونے دیا اور ہمدرد کے نام اس قدر منی آرڈر قوم کی جانب سے بھیجے گئے کہ کئی کئی ہفتے ان کے منشی منی آڈر وصول کرتے کرتے تھک گئے لیکن اس کے باوجود اخبار محض دو سال یا اس سے بھی کم عرصہ چل سکا۔

کیا موجودہ ہندوستان کی مسلم قوم بھی ایسا کرے گی؟ ان کے رویہ کو دیکھتے ہوئے بظاہر ایسا نہیں لگتا لیکن یہ ناممکن بھی نہیں۔ حالانکہ ملی گزٹ کے مدیر نے لکھا بھی ہے کہ

اگر اخبار ہذا کا سر کولیشن ایک لاکھ ہو جائے تو اخبار کے احیا کی اُمید کی جا سکتی ہے۔ جس ملک میں مسلمانوں کی آبادی تقریباً ۱۷۷ ملین ہو، وہاں اس ٹارگیٹ کو پار کرنا کوئی مشکل معاملہ نہیں ہے۔ سانحہ سے قبل اسے بچانے کی کوشش کی جانی چاہئے کہ یہ نہ صرف ہماری آواز ہے بلکہ دنیا بھر میں ملت اسلامیہ ہند کی ترجمانی کا بھی ایک اہم ذریعہ ہے۔

اور حقیقت یہ بھی ہے کہ "ملی گزٹ" ایک تاریخی دستاویز کی فراہمی کا سامان بھی ہے جس سے کل کا مورخ ہندوستانی مسلمان کی تاریخ لکھ سکے گا۔

معروف مفکر اور سماجی کارکن نوم چومسکی نے ملک 'میکسیکو' کے ایک دورے سے واپس لوٹنے کے بعد ۲۰۰۹ میں تحریر کئے گئے اپنے ایک سفر نامہ میں وہاں کی ایک چھوٹی سی کمیونٹی کے ذریعہ جاری کردہ ایک انگریزی اخبار 'لاجورناڈا' کا ذکر کرتے ہوئے مذکورہ اخبار اور اس اخبار کے ذمہ داران اور اس کمیونٹی کی تعریف کرتے ہوئے اسے دنیا کے لئے ایک آئیڈیل قرار دیا تھا۔ نوم چومسکی کی تحریر کا وہ حصہ یہاں دہرائے جانے کے قابل ہے۔

نوم چومسکی نے لکھا تھا کہ ۱۹۸۴ میں جاری ہونے والا اس اخبار نے انتہائی کم مدت میں وہاں سے نکلنے والے اخبارات میں اول مقام حاصل کر لیا، یہی نہیں بلکہ اس اخبار نے اپنی خبروں، تبصروں اور تجزیوں سے وہاں کی حکومت کو بھی ہلا کر رکھ دیا اور بسا اوقات تو ایسا ہوا کہ حکومت کو بھی اس اخبار اور اس کے ذمہ داران کی پالیسی کے موافق فیصلہ طے کرنے پر مجبور ہونا پڑا۔

نوم چومسکی نے لکھا ہے کہ جب یہ اخبار اپنی ۲۵ ویں سالگرہ تقریب منا رہا تھا تب تقریب کے دوران اس کے بانی سربراہ کارلوس پیان نے بتایا کہ اخبار کی شروعات کے وقت تقریباً ۸۰۰ متوقع سرمایہ کار وارد ہوئے تھے اور انہوں نے ہزار پیسا (۷۶ امریکی

ڈالر) فی حصص کے طور پر شراکت کی۔ ان شراکت داروں میں اسی کمیونٹی کا 'کارلوس سلم' بھی موجود تھا جو آج دنیا کا تیسرا امیر ترین شخص ہے مگر اس وقت وہ ایک معمولی سا سرمایہ کار تھا۔ علاوہ ازیں میکسیکو کے دو مشہور مصور 'رفینو تمایو' اور 'فرانسسکو ٹولیڈو' نے اپنی بیش قیمت تصاویر کے ذریعے 'لاجورناڈا' کے اصل سرمائے میں انمول اضافہ کیا۔ اس کمیونٹی سے تعلق رکھنے والا ہر شخص اس اخبار کو خرید کر پڑھتا ہے۔ بڑی تعداد میں کمیونٹی کے لوگ اشتہارات دیتے ہیں۔ اس کا نتیجہ ہے کہ یہ اخبار اپنے پاؤں پر کھڑا ہے اور وقتاً فوقتاً کئی رفاہی کام بھی انجام دیتا رہتا ہے۔ چنانچہ ۱۹۸۹ میں 'میکسیکو' میں جب وہاں زلزلہ آیا تو اس اخبار نے تقریباً ۳۰ ہزار زندگیوں کی بازآبادکاری میں نمایاں کردار ادا کیا۔

نوم چومسکی نے لکھا ہے اس اخبار کو دیکھنے کے بعد مجھے اور میرے ساتھیوں کو اپنے اس خیال کو بدلنا پڑا کہ اخبار محض کارپوریٹ گھرانوں کے مرہون منت ہوتے ہیں۔

اس اخبار کی بابت نوم چوسکی کی کن کن باتوں کا تذکرہ کیا جائے کہ انھوں نے تو اس پر پورا ایک مضمون تحریر کیا ہے جو بہر حال پڑھنے سے تعلق رکھتا ہے اور ایک زندہ اور متحرک قوم یعنی اہل اسلام کو جھنجھوڑتا ہے کہ ان کی تو اولین ذمہ داریوں میں سے ایک یہی تھی کہ وہ حق اور سچ کو صحیح ڈھنگ سے لوگوں تک پہنچانے کے لئے زیادہ فعالیت کا مظاہرہ کرتے لیکن ان کا رویہ قابل افسوس ہے۔

کیا مسلم قوم بھی 'میکسیکو' کی اس کمیونٹی کی طرح بیدار ہو گی؟ اپنی آواز کو تقویت بخشنے کے لئے کچھ کرے گی؟ اس پر یقینی طور سے کچھ نہیں کہا جا سکتا لیکن بہر حال یہ امید ضرور رکھی جا سکتی ہے کہ مسلمانان ہند ایک زندہ اور متحرک قوم ہونے کا ثبوت حقیقی معنوں میں پیش کریں گے اور عملی قدم اٹھاتے ہوئے ایک ایسی تحریک کا بھرپور ساتھ دیں گے جو ہندوستان میں عملی طور پر ان کے وجود کو منوا سکتی ہے، حکومتوں کے ذریعہ ان

کے فیصلہ تبدیل کروا سکتی ہے اور ان کے مسائل کو دنیا کے سامنے مضبوطی کے ساتھ پیش کر سکتی ہے۔

The Milli Gazette may soon cease publication, but you can keep it alive - Essay: Alamullah Islahi

***

۷

ہندوستان میں اردو صحافت کی ابتداء

ڈاکٹر محمد افضل الدین اقبال

مغلیہ عہد میں فارسی ہندوستان کی سرکاری زبان تھی۔ اٹھارویں اور انیسویں صدی میں بھی فارسی زبان علمی اور ادبی حلقوں میں بولی اور سمجھی جاتی تھی۔ جب ایسٹ انڈیا کمپنی کو اس برعظیم کے وسیع خطوں میں عمل دخل حاصل ہوا تو اس نے اپنے "استحکام اور دوام" کے لئے ثقافت کے پرانے نشان آہستہ آہستہ نیست و نابود کرنے شروع کئے ۱۸۳۰ء میں ایسٹ انڈیا کمپنی نے فارسی کی بجائے اردو کو سرکاری زبان قرار دیا۔ اس انقلابی قدم سے اگرچہ اردو کو بے حد ترقی ہوئی لیکن ایسٹ انڈیا کمپنی کو اردو سے کوئی عشق نہ تھا اس نے اردو کی حوصلہ افزائی صرف اس لئے کی کہ اس سے سامراجی مفاد کو تقویت حاصل ہوتی تھی۔

۱۸۳۵ء میں گورنر جنرل ہندوستان سر چارلس مٹکاف نے اخبارات کو مختلف پابندیوں سے آزاد کر دیا جس کا نتیجہ یہ ہوا کہ دیسی زبانوں میں کئی اخبار نکل آئے اور ان زبانوں میں اردو زبان سر فہرست تھی کیونکہ اسے سرکاری زبان کی حیثیت حاصل تھی۔ ۱۸۳۷ء میں لیتھو گرافی یعنی پتھر کی سستی چھپائی کا رواج شروع ہوا۔ اس طرح کتابت کے ذریعے سے بہت سی نقلیں چھاپنے کا ارزاں ذریعہ ہاتھ آگیا۔ خود جرمنی میں یہ فن

اٹھارویں صدی کے خاتمے کے قریب ایجاد ہوا تھا اور ہندوستان میں چالیس سال کے اندر ہی اردو طباعت میں اس کا رواج عام ہو گیا۔ اردو اور فارسی چھاپہ خانوں کی تعداد بڑھنے لگی۔ علامہ عبداللہ یوسف علی کا بیان ہے کہ ہندوستان میں لیتھو گرافی کا پہلا مطبع ۱۸۳۸ء کے قریب دہلی میں قائم ہوا پھر لکھنو نے بھی بہت جلد اس کی تقلید کی۔

یہ بات اہم ہے کہ مدراس میں لیتھو گرافی کا مطبع دہلی اور لکھنو سے پہلے قائم ہوا۔ "مدراس کے چھاپہ خانے" سے ۱۸۳۶ء میں اردو کی پہلی داستان الف لیلیٰ، " حکایات الجلیلہ " کے نام سے فورٹ سینٹ جارج کالج کے طلباء کے لئے شائع ہوئی تھی۔ اس ضخیم کتاب کا مطبوعہ نسخہ راقم الحروف کے پاس بھی موجود ہے۔ اس سے معلوم ہوتا ہے کہ ۱۸۳۶ء سے پہلے ہی مدراس میں لیتھو گرافی کا مطبع قائم ہو چکا تھا۔ پرولکر نے اپنی تحقیقی کتاب "پرنٹنگ پریس ان انڈیا" میں جس کا اردو ترجمہ "ہندوستان میں چھاپہ خانہ" کے زیر عنوان ابھی حال میں ترقی اردو بورڈ نئی دہلی کی جانب سے شائع ہوا ہے، اس کتاب میں مصنف نے لکھا ہے کہ ۱۸۶۳ء سے پیشتر ہی مدراس میں ایک درجن سے زیادہ چھاپہ خانہ قائم ہو چکے تھے اور جن کے مالک مقامی ہندوستانی باشندے تھے۔ ان چھاپہ خانوں کا تذکرہ آئندہ صفحات میں کیا گیا ہے۔

غرض لیتھو گرافی کے پریس قائم ہو جانے سے اخبارات ، رسالے ، سرکاری اطلاعات مجالس قانون ساز کے قوانین کا اردو ترجمہ اور اس کے علاوہ اہم ادبی کتابیں چھپنے لگیں ایک طرف تو طباعت کی سہولتوں میں اضافہ ہونے سے تعلیم کی اشاعت میں مدد ملی اور دوسری جانب تعلیم کے منظم ہو جانے سے طباعت کی مانگ بڑھ گئی۔ اس طرح اردو زبان کی ترقی اخبار نویس کی توسیع میں ممد و معاون ثابت ہوئی۔ اردو صحافت کی ترقی میں ایک اور بڑا عنصر یہ تھا کہ ایسٹ انڈیا کمپنی مغربی علوم کی نشر و اشاعت چاہتی تھی اور اس

کے لئے اس نے صحافت کا سہارا لیا اور بعض اخباروں کی مالی سرپرستی شروع کی۔ اس کی صورت یہ تھی کہ حکومت بعض اخباروں کی ایک خاص تعداد افسروں اور اسکولوں و کالجوں کے لئے خرید لیتی تھی اس طرح بعض اخباروں کو معاشی سہارا مل گیا اور وہ ترقی کرنے لگے۔

اردو اخباروں کے متعلق جو منتشر اور محدود مواد اب تک سامنے آیا ہے اس کی روشنی میں محققین کا بیان ہے کہ اردو کا پہلا اخبار "جامِ جہاں نما" کلکتہ تھا، چنانچہ عتیق صدیقی صاحب اپنی کتاب "ہندوستانی اخبار نویسی" میں لکھتے ہیں کہ "جام جہاں نما" اردو کا پہلا اخبار تھا جس کا پہلی بار ۱۸۲۲ء میں اور دوسری بار ۱۸۲۳ء میں اجرا ہوا تھا۔

ڈاکٹر عبد السلام خورشید نے بھی "صحافت پاکستان و ہند میں" جام جہاں نما ہی کو اردو کا پہلا اخبار قرار دیا ہے اور بتایا ہے کہ اس اخبار کا پہلا شمارہ بدھ کے دن ۲۷/مارچ کو شائع ہوا تھا، چند ہفتے کے بعد جب ناشرین نے محسوس کیا کہ اردو اخبار کی مانگ بہت کم ہے تو انہوں نے اسے فارسی زبان میں شائع کرنا شروع کیا جون ۱۸۲۲ء کے اواخر تک "جام جہاں نما" کی زبان فارسی ہو چکی تھی۔ ایک سال بعد "جام جہاں نما" نے پھر اردو کی طرف رجوع کیا، چنانچہ فارسی اخبار کو برقرار رکھتے ہوئے "جام جہاں نما" کا اردو ضمیمہ شائع ہونے لگا۔ اس اردو ضمیمے کے صفحہ اول پر پیشانی کی دونوں جانب ایسٹ انڈیا کمپنی کی مہر ثبت ہوتی تھی جس سے ظاہر ہوتا ہے کہ اس اخبار کو حکومت کی باقاعدہ سرپرستی حاصل تھی۔ منشی سدا سکھ اخبار کے ایڈیٹر تھے اور چھاپنے کی ذمہ دار کلکتہ کی ولیم پیٹرس کاپ کنس اینڈ کمپنی تھی۔

"جام جہاں نما" کلکتہ کے اجرا (۱۸۲۲ء) کے بعد کم و بیش بارہ سال تک کسی اردو اخبار کا پتہ نہیں چلتا۔ ۱۸۳۴ء میں بمبئی کے فارسی اخبار "آئینہ سکندر" نے اردو ضمیمہ

شائع کرنا شروع کیا اس اخبار کا ایک فائل مولوی نصیر الدین ہاشمی مرحوم کی نظر سے گزرا تھا ان کا بیان ہے: "آئینہ سکندر اگرچہ فارسی اخبار تھا مگر ۱۸۳۴ء میں اس کا ضمیمہ اردو میں شائع ہونے لگا۔ یہ اخبار ۱۲x۱۸ سائز کے بارہ صفحات پر ہر جمعرات کو بمبئی سے شائع ہوتا تھا اس کے ایڈیٹر فضل حق صاحب تھے اور مسٹر راس کے پریس میں طبع ہوا کرتا تھا۔

۱۸۳۶ء میں شاہ جہاں آباد دہلی سے "دہلی اردو اخبار" کا اجرا عمل میں آیا۔ اس کے ایڈٹر شمس العلماء مولانا محمد حسین آزاد کے والد مولوی محمد باقر تھے۔ یہ ایک ہفت روزہ اخبار تھا۔ ڈاکٹر عبدالسلام خورشید لکھتے ہیں کہ: اس اخبار میں برعظیم کے گوشہ گوشہ سے خبریں اکٹھی کر کے چھاپی جاتی تھیں۔ مختلف درباروں، ریاستوں اور شہروں سے آنے والے اخبارات کے اقتباس بالالتزام شائع ہوتے تھے۔ یہ اخبار تعلیمی اداروں کی خبریں بطور خاص شائع کرتا تھا۔ اس میں ادبی مضامین کے علاوہ ذوق، غالب اور مومن وغیرہ کی غزلیات بھی چھپتی تھیں۔ دہلی کے آخری مغل تاجدار بہادر شاہ ظفر اور ملکہ نواب زینت محل کا کلام بھی شائع ہوتا تھا۔ دہلی اردو اخبار ۱۸۵۷ء میں بند ہو گیا۔ اس کے ایڈیٹر مولوی محمد باقر مجاہد آزادی گولی سے اڑادئے گئے اور صحافتی تاریخ میں زندہ جاوید ہو گئے۔

۱۸۳۷ء میں دہلی ہی سے "سید الاخبار" اور مرزا پور سے عیسائی مشنری سوسائٹی کی جانب سے "خیر خواہ ہند" کا اجرا عمل میں آیا۔

سید الاخبار

سر سید احمد خاں کے بھائی سید محمد خان نے ۱۸۳۷ء میں دہلی سے "سید الاخبار" جاری کیا تھا۔ یہ ایک ہفت روزہ اخبار تھا۔ "صحافت پاکستان وہند میں" ڈاکٹر عبدالسلام خورشید لکھتے ہیں کہ اس اخبار میں ایسے مضامین خاص اہتمام سے شائع ہوتے تھے جن میں قانونی مسائل پر روشنی ڈالی جاتی تھی اسی وجہ سے یہ اخبار وکیلوں میں ہر دلعزیز تھا۔ ۱۸۴۶ء

میں سید محمد خان کی وفات کے بعد سر سید احمد خان نے اس اخبار کو ترقی دینی چاہی یہ اخبار غالباً ۱۸۵۰ء میں بند ہو گیا۔

خیر خواہ ہند

یہ اردو کا پہلا رسالہ تھا اور ۱۸۳۷ء میں مرزا پور سے پادری آر۔ سی۔ ماتھر کی ادارت میں نکلا تھا اس میں فارسی اور رومن رسم الخط میں مضامین چھاپے جاتے تھے لیکن زبان اردو ہوتی تھی، چند سال بعد یہ رسالہ بند ہو گیا۔ اور ۱۸۶۱ء میں اس کا احیاء ہوا۔ اور یہ ناگری ہند اور فارسی رسم الخط میں شائع ہونے لگا۔ اردو خیر خواہ ہند کی ۵۰۔۱۸۴۹ء کی فائلیں انڈیا آفس لائبریری لندن میں محفوظ ہیں۔ انڈیا آفس کی فہرست رسائل سے پتہ چلتا ہے کہ "خیر خواہ ہند" کے فارسی اور رومن رسم الخط کے رسالے الگ الگ شائع کئے جاتے تھے۔

۱۸۴۱ء میں مدراس سے ایک اردو ہفتہ وار اخبار "جامع الاخبار" کا اجرا ہوا۔ اس طرح ان اخباروں کے اجراء کے بعد ہندوستان کے گوشے گوشے سے اردو اخبارات جاری ہوئے۔

ہندوستان کے مختلف شہروں میں اردو صحافت کی ابتداء

شمالی اور مغربی ہند میں اردو اخباروں اور چھاپے خانوں کی کثرت کا دور ۱۸۴۵ء کے بعد شروع ہوتا ہے، چنانچہ ذیل میں دہلی، آگرہ، بنارس، لکھنو، لاہور، سیالکوٹ، ملتان، بمبئی اور بنگلورو میسور کے اولین اردو اخباروں کا سنہ اشاعت درج کیا جاتا ہے۔ جس سے ہمارے بیان کی تصدیق ہو گی۔

دہلی

دہلی اردو اخبار ۱۸۳۶ء کے بعد اکٹوبر ۱۸۴۳ء میں "مظہر حق" ۱۸۴۵ء میں "کریم

الاخبار" کے علاوہ "صادق الاخبار" کے نام سے دو اخبار جنوری ۱۸۵۴ء اور جنوری ۱۸۵۶ء میں جاری ہوئے۔

آگرہ

۱۸۴۶ء میں "صدر الاخبار" ۱۸۴۷ء میں "اسعد الاخبار" ۱۸۴۸ء میں "معیار الشعراء" ۱۸۴۹ء میں "قطب الاخبار" اور "اخبار النواح" جاری ہوئے۔ جنوری ۱۸۵۶ء میں منشی نول کشور نے "سفیر آگرہ" جاری کیا۔

بنارس

اردو میں ۱۸۵۴ء میں بنارس گزٹ اور باغ و بہار ۱۸۴۹ء میں "مراۃ العلوم" اور ۱۸۵۲ء میں "آفتابِ ہند" جاری ہوئے۔

لکھنؤ

پہلا اردو اخبار "لکھنو اخبار" کے نام سے ۲۴/اپریل ۱۸۴۷ء کو جاری ہوا۔ اس کے علاوہ جولائی ۱۸۵۶ء میں "طلسم لکھنو" اور نومبر ۱۸۵۶ء میں "سحر سامری" کا لکھنو سے اجرا ہوا۔

لاہور

"کوہِ نور" پنجاب کا پہلا اردو اخبار تھا جس کا ۱۴/جنوری ۱۸۵۰ء کو لاہور سے اجرا ہوا۔ اس کے ایڈیٹر منشی ہر سکھ رائے تھے۔ اس اخبار نے غیر معمولی ترقی کی۔ لاہور ہی سے ۱۸۵۲ء میں چشمہ فیض اور ۱۸۵۳ء میں "ہمارے بے بہا" جاری ہوئے۔

سیالکوٹ

۱۸۵۳ء میں وکٹوریہ پیپر نکلا۔

ملتان

۱۸۵۲ء میں "ریاض نور" جاری ہوا۔

بمبئی

جنوری ۱۸۵۵ء میں "کشف الاخبار" کا اجرا ہوا۔ "بمبئی میں اردو" میں ڈاکٹر میمونہ دلوی لکھتی ہیں:

"بمبئی کا سب سے قدیم اردو اخبار جو دستیاب ہوا ہے وہ کشف الاخبار ہے۔ کتب خانہ مدرسہ محمدیہ اور کریمی لائبریری میں اس اخبار کی کئی جلدیں موجود ہیں۔ یہ اخبار جنوری ۱۸۵۵ء میں جاری ہوا۔"

بنگلور

بنگلور و میسور کے پہلے اخبار کے متعلق ڈاکٹر حبیب النساء "ریاست میسور میں اردو کی نشوونما" میں لکھتی ہیں:

"۱۸۶۰ئ ء میں اردو کا پہلا اخبار "قاسم الاخبار" اسی شہر کے افق صحافت پر نمودار ہوا۔"

محمد سعید عبد الخالق صاحب نے مقالہ "میسور میں اردو" میں "قاسم الاخبار" کے اجراء کی تاریخ ۱۸۶۵ء بتائی ہے۔ ڈاکٹر عبدالسلام خورشید بھی "صحافت پاکستان و ہند میں "" قاسم الاخبار" کا اجر ا۱۸۶۵ء ہی بتاتے ہیں۔

حیدرآباد دکن

اردو صحافت کی ابتداء میں ایک طبی سہ ماہی رسالہ "طبابت" سے ہوئی۔ اسے حکومت حیدرآباد کے میڈیکل کالج کے مہتمم جارج اسمتھ نے ۱۲۷۵ھ م ۱۸۵۸ء میں جاری کیا۔ اس رسالے میں مریضوں پر عمل جراحی کرنے اور ان کے صحت یاب ہونے کی رپورٹیں اور مفید طبی معلومات شائع ہوتی تھیں۔ رسالہ طبابت کی اجرائی کے بعد علمی،

ادبی اور معاشرتی رسائل و جرائد کا ایک طویل سلسلہ شروع ہو گیا۔ رسالوں کے قطع نظر اخباروں کا آغاز ہفتہ وار اخبارات سے ہوا۔ "دکن میں اردو" میں مولوی نصیر الدین ہاشمی نے حیدرآباد دکن کا پہلا اردو ہفتہ وار اخبار "آصف الاخبار" کو قرار دیا ہے جو ۱۸۷۸ء میں جاری ہوا۔ اس کے ایڈیٹر نارائن راؤ تھے لیکن "صحافت پاکستان وہ ند میں " ڈاکٹر عبد السلام خورشید نے لکھا ہے کہ "خورشید دکن" حیدرآباد کا پہلا اخبار تھا جو ۱۸۷۷ء میں جاری ہوا اور ایک سال بعد بند ہو گیا۔ اس کے ایڈیٹر مرزا کاظم غازی تھے۔ حیدرآباد کا پہلا روزانہ اردو اخبار "ہزار داستان" ہے جو ۱۸۵۸ء میں جاری ہوا۔ مولوی محمد سلطان عاقل شاگردِ غالب اس کے ایڈیٹر تھے۔

اس طرح مندرجہ بالا اخباروں کے جائزہ سے معلوم ہوتا ہے کہ مدراس میں اردو صحافت کا آغاز آگرہ، بنارس، لکھنو، لاہور، سیالکوٹ، ملتان، بنگلور اور حیدرآباد وغیرہ سے بہت پہلے ہو چکا تھا۔

ماخوذ از کتاب: جنوبی ہند کی اردو صحافت (۱۸۵۷ء سے پیشتر) (اشاعت: ۱۹۸۱ء، حیدرآباد)۔ تصنیف: ڈاکٹر محمد افضل الدین اقبال

The Beginning of Urdu Journalism in India, Article by: Dr. Mohd Afzaluddin Iqbal

***

۸

سید منیر نیازی : جن کی ہمیشہ نیاز مند رہے گی اردو صحافت

منصور الدین فریدی

کولکاتا کے معتبر و معروف اردو صحافی سید منیر نیازی کی زندگی کے کچھ دلسوز گوشوں کو عیاں کرتا ہوا یہ ایک فکرانگیز خاکہ ہے، جسے ان کے ایک صحافی شاگرد نے تحریر کیا ہے اور بطور خاص تعمیر نیوز میں اشاعت کے لیے ارسال کیا۔ 26/ اگست 2015 کو سید منیر نیازی کا انتقال ہوا تھا جس پر ممبئی کے معروف ادیب اور صحافی ندیم صدیقی نے ایک مختصر مگر پراثر تعزیتی تحریر پیش کی تھی۔ سید منیر نیازی سے متعلق انٹرنیٹ پر موجود اسی واحد تحریر کا حوالہ زیر نظر خاکے میں بھی دیا گیا ہے۔ اردو ادب و صحافت کے میدان میں جنم لینے والے ایسے المیوں کی روک تھام کے لیے ہمارے کیا اقدامات ہیں یا ہونے چاہیے، یہ سب کے لیے سوچنے کا مقام ہے۔

سید منیر نیازی، کولکتہ کی اردو صحافت میں 'خبروں کے جوہری' تھے، خبروں کو تراشنے اور سرخیوں کو سنوارنے کا فن شاید ہی کوئی ان سے بہتر جانتا ہو۔ کسی بھی خبر میں الفاظ کے معمولی 'رد و بدل' سے روانی اور خوبصورتی پیدا کر دیتے تھے۔ ایک ایک لفظ پر پکڑ ایسی تھی کہ خدا کی پناہ۔ اخبار میں کوئی بھی ایسی خبر نہیں جاتی تھی جو نیازی صاحب کی نظروں سے نہ گزری ہو۔

صبح کو ادارتی صفحہ سے جو کام شروع ہوتا تھا وہ رات گئے 'لیڈ اسٹوری' تک جاری رہتا تھا۔ وہ 'آزاد ہند' کے 'باغبان' تھے، ہر کالم میں لگی خبر کسی پودے کی طرح ہوتی تھی۔ کاپی سیٹنگ پر بھی نظر رکھتے تھے، کون سی خبر کو کس جگہ لگانا ہے اور فوٹو کہاں؟

ہم کمپیوٹر میں جو اب دیکھ رہے ہیں وہ نیازی صاحب نے کاپی سیٹنگ میں دکھا دیا تھا۔ وہ صحافت میں 'پیر' تھے، ان کے 'مرید' ان کی ڈانٹ سے ہی اپنی 'بزرگی' حاصل کر لیتے تھے۔ وہ خشک مزاج تھے، ہنسنا تو دور کی بات مسکرانا بھی مشکل ہوتا تھا، وہ کام میں اس قدر غرق رہتے تھے کہ آس پاس کی کوئی خبر ہی نہیں رہتی تھی۔ چشمے میں سے جھانک کر دیکھا کرتے تھے اور جب 'ٹیلی پرنٹر' کا رخ کرتے تھے تو کرسی کو بہت زور سے پیچھے کو دھکیلتے تھے۔

نیازی صاحب 'سو فیصد' کام کرنے اور کام کرنے والوں سے بھی 'سو فیصد' کارگزاری لینے کے قائل تھے، اس لئے اگر کبھی کسی سے کوئی ناراضگی بھی ہوتی تھی تو صرف کام پر۔ ورنہ پھر چائے کے ساتھ معاملہ تمام ہو جاتا تھا۔

دراصل ہوتا یہ ہے کہ اخبارات میں نیوز ایڈیٹر کا کردار 'پردے کے پیچھے' والا ہوتا ہے۔ قاری اخبار میں مضمون نگار اور رپورٹر کے ناموں سے واقف ہوتے ہیں لیکن اخبار کو حتمی شکل دینے والے دماغ اور چہرے سے نہیں۔ نیازی صاحب کی محنت بھی ایسی ہی تھی جس کو ہم لوگ دیکھتے اور سمجھتے تھے اور کوئی نہیں۔ سب سے اہم بات یہ تھی کہ اخبار میں شائع ہونے والا ایک ایک لفظ نیازی صاحب کی نظروں سے گزرا ہوا ہوتا تھا۔ ان کا خبروں کی نوک پلک درست کرنے کا فن اور سرخیوں کا توازن قابل دید ہوتا تھا۔

احمد سعید ملیح آبادی صاحب کم سے کم اس معاملہ میں خوش قسمت تھے کہ انہیں نیازی صاحب جیسا صحافی اور انسان ملا تھا، اگر وہ کئی ہفتے بھی شہر سے باہر ہیں تو انہیں ایک

بھی ٹیلی فون کرنے کی ضرورت نہیں پڑتی تھی، یہ الگ بات ہے کہ نیازی صاحب مرحوم کو 'اجرت' کے سوا کچھ نہیں ملا۔

ایک بات تو حیران کن تھی کہ نیازی صاحب نے جس انداز میں 'آزاد ہند' کو سنبھالا تھا اس طرح تو کسی مالک کیلیے بھی مشکل ہوتا ہے۔ سچ تو یہی ہے کہ نیازی صاحب کی بیماری کے بعد 'آزاد ہند' بھی لاغر ہو گیا تھا۔ جس طرح نیازی صاحب کی صحت گرتی گئی اسی طرح 'آزاد ہند' کی بنیادیں بھی کمزور ہوتی گئیں۔ 'آزاد ہند' میں کام کرنے والا ہر رکن جانتا تھا کہ نیازی صاحب کے کندھوں پر ہی ہے اخبار کا بوجھ۔

سید منیر نیازی 1969 میں کولکتہ آئے تھے، جب بہار کے ممتاز صحافی مرحوم غلام سرور انہیں پٹنہ سے کلکتہ لے کر آئے تھے۔ مقصد تھا 'سنگم' کی ادارت ان کو سنبھالنے کیلیئے دیں، لیکن سنگم صرف دو سال بعد ہی پٹنہ منتقل ہو گیا۔ مگر منیر نیازی نے شہر کا دامن ایسا تھام لیا گویا ماں کی گود مل گئی ہو۔

جس کے بعد انہوں نے 'آزاد ہند' کا رخ کیا جو کہ اس وقت کولکتہ میں 'دیو' کی حیثیت رکھتا تھا۔ شاید انہیں بھی اس بات کا اندازہ نہیں ہوگا کہ یہ اخبار ان کی زندگی بن جائے گا۔ دراصل 1977 کے بعد جب ممتاز صحافی رضوان اللہ صاحب نے 'آزاد ہند' کو خیر باد کہا تو منیر نیازی نے 'نیوز ایڈیٹنگ' سنبھالی تھی۔ اس کے بعد 35 سال تک وہ اخبار سے جڑے رہے۔ نیازی صاحب نے دراصل ایک ایسا دور دیکھا جب ایک ایک لفظ درست کر کے خبر کو کاتب کو دیا جاتا تھا، ترجمہ ہو یا زبان، سب پر تھی لگام۔

مگر پھر ایک ایسا وقت آیا جب 'پیج میکنگ' شروع ہوئی۔ ایک صفحہ بنانے کیلیئے 'کٹ اینڈ پیسٹ' کا دور چل پڑا۔ ظاہر بات ہے کہ ایسے ماحول میں نیازی صاحب جیسے صحافی کیلیئے سانس لینا بھی مشکل ہو گیا ہوگا مگر انہوں نے آخر تک خود کو اس میں کھپانے کی کوشش

جاری رکھی تھی۔

غصہ ور استاد۔نالائق شاگرد

میں نے جب 'آزاد ہند' کا رخ کیا تو نیازی صاحب کی 'شاگردی' ملی۔ وہ ہم سب کی 'اوبڑ کھابڑ' خبروں کی نوک پلک کچھ اس طرح درست کرتے تھے کہ دوسرے دن اخبار میں پڑھ کر لگتا ہی نہیں تھا کہ یہ اپنی کارگزاری ہے۔ اس معاملہ میں ان کا ساتھ کام کرنے والوں کے ساتھ کئی مرتبہ اختلاف بھی ہوا اور ٹکراؤ بھی۔ مگر اپنی حیثیت تھی 'چوزے' جیسی۔ اس لئے ہر ڈانٹ پھٹکار کو استاد کا تبرک سمجھ کر نگل جاتے تھے۔ ایک ایک لفظ کی پکڑ، ایک ایک جملہ پر گرفت۔ دو چار کالم کے ترجمہ میں حالت نچوڑے ہوئے لیموں کی طرح ہو جاتی تھی۔ ہم لوگ ٹھہرے بے چین، گن گن کر خبریں کرنے کے عادی نہیں تھے، دو گھنٹے سے زیادہ ٹک کر بیٹھنے کو کبھی قبول نہیں کیا تھا۔ ہوا کے گھوڑے پر آؤ اور گدھے کے سینگ کی طرح غائب ہو جاؤ، اسی کو 'روانی اور جوانی' مانتے تھے۔

بلاشبہ نیازی صاحب بہت برداشت کرتے تھے وہ بھی میرے والد کے سبب، ورنہ ہم کس کھیت کی مولی تھے۔ نیازی صاحب تھے جوہری اس لئے ایک نظر میں پہچان گئے تھے کہ 'نالائق' ہے۔ اس لئے اچھے اور خراب موڈ میں 'نالائق' ہی کہہ کر پکارتے تھے۔ بات نیازی صاحب کی تھی اس لئے سر آنکھوں پر تھی، استاد کا دیا 'لقب' سنبھال کر رکھ لیا۔ ایک دن سعید صاحب کے سامنے ہی بولے:

"کیسے جھیلتے ہیں فریدی صاحب تم کو"

میں نے جواب دیا کہ:

"آپ کو کیا معلوم کون کس کو جھیل رہا ہے؟"

سعید صاحب خوب ہنسے۔ بولے: ارے کس سے الجھ رہے ہیں؟

ان کی ڈانٹ کا کوئی اثر ہی نہیں ہوتا تھا، اپنی کھال ہی اتنی موٹی ہو چکی تھی۔ مگر وہ بہت کچھ میرے والد کے سبب نظر انداز کر جاتے تھے۔ پھر ہم لوگ اتنا ہنستے بولتے تھے کہ آخر میں وہ بھی مجبور ہو کر مسکرا دیتے تھے۔

بڑی خبریں اور تنازعے

جب سابق وزیر اعظم راجیو گاندھی کا قتل ہوا تو میں آفس میں تھا اور نیازی صاحب کھانا کھانے گئے ہوئے تھے، رات کو 11 بجے کے بعد جب وہ لوٹے تو میں 'ٹیلی پرنٹر' کے سامنے وقت گزاری کر رہا تھا۔ میری نظر ٹیلی پرنٹر پر تھی جس پر اچانک

VIP KILLED

کا پیغام آنا شروع ہوا۔ یہی ایک سطر تقریباً 20-30 مرتبہ آگئی تو میں نے نیازی صاحب سے مذاقاً کہا کہ 'ٹیلی پرنٹر' کی سوئی اٹک گئی۔

وہ بولے کیا ہوا؟

میں نے بتایا کہ VIP KILLED لکھا ہوا آرہا ہے۔ وہ اپنی کرسی کو بہت تیزی کے ساتھ کھسکا کر ٹیلی پرنٹر کے قریب آگئے اور کہنے لگے۔۔ کون چلا گیا۔۔۔۔ بڑی خبر آرہی ہے۔۔۔

میں بھی تجسس کا شکار ہو گیا۔ نظریں ٹیلی پرنٹر سے ہٹ نہیں رہی تھیں کہ اچانک ٹیلی پرنٹر پر 'Rajiv Killed' لکھا ہوا ابھرا۔ میں نے زور سے کہا۔۔

'نیازی صاحب! راجیو گاندھی مارے گئے'۔

وہ اپنی کرسی کو چھوڑ کر دوڑے۔ سب ٹیلی پرنٹر پر آگئے۔۔اس کے بعد خبروں کو روکنے اور نئی خبروں کا انتظار اور تلاش شروع ہوئی۔ بی بی سی پر کان لگا دیئے گئے۔ خبر بھی دو دو سطر کے ساتھ بڑھ رہی تھی، نیازی صاحب نے متعدد لوگوں کو ٹیلی فون کئے، جن

میں بوبازار پولیس اسٹیشن کے او سی بھی شامل تھے۔ میرے صحافتی سفر میں راجیو گاندھی کا قتل پہلی بڑی خبر تھی۔ رات دو بجے تک سب کام کرتے رہے، نیازی صاحب کی بنائی ہوئی خبر ایسی لگتی تھی گویا موتی جڑے ہوئے ہوں، کسی بھی جملہ کو دہراتے نہیں تھے، کڑی در کڑی، سلسلہ وار یا پھر تسلسل۔ خبر کے توازن کو لاجواب بنا دیتا تھا۔

مجھے آج بھی یاد ہے کہ 6/ دسمبر کو جب بابری مسجد کی شہادت کے بعد تناؤ تھا اور شہر میں سناٹا تھا تو میں 'آزاد ہند' کے آفس میں اپنا کام نمٹا کر پر تول رہا تھا۔ مگر نیازی صاحب دھاڑے۔۔

'ارے آج کہاں جاؤ گے، بابری مسجد کی شہادت ہوئی ہے، سناٹا پڑا ہے سڑکوں پر۔ رکو اب خبریں آئیں گی، بہت کام ہے۔۔'

معاملہ کی نزاکت کے سبب میں بھی رک گیا۔ وہ رات کو کہتے تھے کہ 'سیدھے گھر جانا، یہ تفریح کا وقت نہیں ہے، کہیں الو کی طرح گھومتے رہو'۔

میں بھی ہنس کر کہہ دیتا تھا کہ نیازی صاحب ایسا تو ہو نہیں سکتا، نیند ہی نہیں آئے گی جب تک گشت نہیں کریں گے۔

ایک مرتبہ میں نے 'محمڈن اسپورٹنگ' کے بحران پر ایک آرٹیکل کے ساتھ اسپورٹس صفحہ پر ایک ایسا پرانا فوٹو لگا دیا جس میں محمڈن اسپورٹنگ کا ایک وفد اس وقت کے وزیر اعلی جیوتی باسو سے ملاقات کر رہا تھا۔ مسئلہ یہ تھا کہ اس فوٹو میں سابق فٹ بال سکریٹری میر محمد عمر بھی جیوتی باسو کے ساتھ نظر آرہے تھے، جو کہ اس وقت قتل کے مقدمہ میں سزا کاٹ کر جیل سے باہر آئے تھے۔ میں اس پر 'فائل فوٹو' لکھنا بھول گیا تھا۔ دوسرے دن نیازی صاحب بے انتہا غصہ میں نظر آئے۔ بولے:

کیا حماقت کی ہے؟ کہاں کہاں سے فون آرہے ہیں، جانتے ہو؟

میں نے کہا: آپ کہہ دیں کہ "فائل فوٹو" لکھا جانا رہ گیا، اس کو اتنی سنجیدگی سے کیوں لے رہے ہیں؟

وہ بولے: اب تمہارے لئے میں غیر سنجیدہ بھی ہو جاؤں؟

دراصل محمڈن اسپورٹنگ کے ساتھ سیاسی جنگ جاری تھی، اس میں بائیں محاذ کی بھی دلچسپی تھی اور کانگریس کی بھی۔ اس لئے یقیناً کسی نہ کسی نے ضرور اس معاملہ کو ہوا دی ہوگی۔ بہر حال میں انتظار کرتا رہا کہ شاید احمد سعید ملیح آبادی کچھ کہیں مگر انہوں نے کچھ ذکر نہیں کیا۔ ہو سکتا ہے نیازی صاحب نے بات کو اپنے تک محدود رکھا ہو یا پھر سعید صاحب نے مزید بات کرنا مناسب نہ سمجھا ہو۔

برے وقت کی کہانی

2007 میں وہ دور آیا جو ہر اردو صحافی کی قسمت میں ہوتا ہے، یعنی کہ 'برا وقت'۔ ایک برا وقت وہ ہوتا ہے جس میں سب ساتھ ہوتے ہیں، ایک برا وقت ایسا ہوتا ہے جب کوئی ساتھ نہیں ہوتا ہے۔

نیازی صاحب کے دماغ پر بے انتہا دباؤ رہتا تھا، وہ اسی کے سبب ہنسنا بھول گئے تھے، غصے میں بھی آجاتے تھے۔ خاموش تو وہ رہتے ہی تھے۔ انہیں 'برین ہیمرج' ہوا تو انہیں آفس سے 'سڑک پار' کہیں یا پھر 'گھر کے پیچھے' ایک ایسے 'اسلامیہ اسپتال' میں داخل کر دیا گیا جسے خود ہمیشہ اپنی 'یتیمی' کا احساس مارتا رہتا تھا۔ میرے ایک دوست نے کہا تھا کہ ایک مقامی شاعر نے راہ چلتے اسے بتایا کہ:

'آزاد ہند' کی جان منیر نیازی کی اسلامیہ اسپتال میں 'جان خطرے' میں ہے۔ وہ بے یارو مددگار پڑے ہیں، علاج کیا ہو رہا ہے اور کون کیا دیکھ رہا ہے کچھ کہا نہیں جا سکتا ہے۔

میرے اس دوست کا کہنا ہے کہ وہ فوراً اسلامیہ اسپتال گیا، آئی سی یو میں نیازی

صاحب کو بے ہوشی میں پایا۔ ڈیوٹی پر موجود ایک ڈاکٹر نے بتایا کہ دماغ کی چار نسیں پھٹ چکی ہیں، اگر یہی حال اور علاج رہا تو ایک دو دن کی زندگی بچی ہے۔ اس نے کولکتہ کے ایک سیاسی لیڈر 'وجے اپادھیائے' کو اس صورتحال سے آگاہ کیا جو اقلیتی طبقہ سے زیادہ جڑے رہتے ہیں، اگلے دن انہوں نے منیر نیازی کو اسلامیہ اسپتال سے MRI اسپتال منتقل کرایا۔ جہاں مہنگے علاج نے غریب صحافی کی زندگی بچالی۔

مجھے کسی نے یہ بھی بتایا کہ جب نیازی صاحب زندگی و موت کی جنگ لڑ رہے تھے اس وقت اسلامیہ اسپتال انتظامیہ ملازمین کے ایک نمائشی فٹ بال میچ کے اہتمام کیلئے میٹنگ کر رہا تھا۔ کولکتہ کے بیشتر صحافیوں کا یہی کہنا ہے کہ ایک نازک وقت میں اخبار نے انہیں بے یار و مدگار چھوڑ دیا تھا، اس کی شکایت اس لئے نہیں کی جاسکتی کہ ایسا ہونا 'روایت' بن چکا ہے۔

عشق تھا 'آزاد ہند' سے

'آزاد ہند' سے منیر نیازی کا کیسا لگاؤ تھا اس کا اندازہ لگایا جا سکتا ہے کہ جب وہ روبصحت ہوئے تو وہ دوبارہ 'آزاد ہند' پہنچ گئے۔ مگر استقبال 'صحت مندانہ' نہیں رہا۔ وہی ہوا جو ہوتا آیا ہے۔ دل تو ٹوٹا ہوگا اور دماغ بھی ہل گیا ہوگا لیکن واہ رے ظرف۔۔ کسی سے کوئی شکایت نہیں کی اور سب سے بڑی بات کہ کسی اور اخبار کا رخ بھی نہیں کیا بلکہ شہر کو ہی الوداع کہہ دیا اور دہلی آ گئے۔

اس عمر میں اتنے تجربے کے ساتھ کسی نئے شہر میں نئے سرے سے کام شروع کرنا آسان نہیں ہوتا ہے، اس کے باوجود نیازی صاحب نے خود کو 'یو این آئی' سے جوڑے رکھا۔ ان لوگوں کے ساتھ کام کرتے رہے جو کبھی ان کے چیلے تھے۔ ایک مختلف کردار میں اور ایک مختلف ماحول میں۔

کولکتہ میں زندگی گزار دینے کے بعد دہلی کی آب وہوا کس کو راس آسکتی ہے۔ یہی نیازی صاحب کے ساتھ ہوا۔ کولکتہ میں تو سڑک پار کی تو آفس اور دوسری سڑک پار کی تو دوست واحباب۔ دہلی میں طویل فاصلوں کی مار اور نیا ماحول وہ زیادہ دنوں تک جھیل نہیں پائے، ایک بار پھر کولکتہ کا رخ کیا۔

'آزاد ہند' میں واپس آگئے۔ 2010 اگست میں آزاد ہند کے بند ہونے تک وہ احمد سعید ملیح آبادی کے ساتھ کام کرتے رہے۔ اس کے بعد 'آزاد ہند' کی قضا آگئی جب اخبار ہی بک گیا۔ وہ ایک بار اپنے گاؤں چلے گئے تھے، ان کیلئے کسی اور اخبار میں کام کرنا ممکن نہیں رہا تھا۔ بہرحال جب 2011 میں جب آزاد ہند 'شاردا گروپ' کی ملکیت میں دوبارہ شروع ہوا تو احمد سعید ملیح آبادی کی دعوت پر ایک بار پھر آزاد ہند سے وابستہ ہونے کیلئے ضلع غازی پور سے کلکتہ آگئے۔

اسی کو تو ظرف کہتے ہیں۔

انہوں نے 'آزاد ہند' کو اتنا طویل وقت دیا تھا کہ اس کے بغیر زندگی ممکن نہیں رہی تھی۔ افسوس کی بات یہ ہے کہ اس بار بھی کولکتہ واپسی چار دن کی چاندنی ہی ثابت ہوئی۔ دو سال بعد چٹ فنڈ گھوٹالہ کی ہنگامہ آرائی سے قبل 'آزاد ہند' کو الوداع کہہ کر مارچ 2013 میں اپنے آبائی گاؤں گوڑسرا (غازی پور ضلع گئے تھے بس اس کے بعد۔۔۔

خالی ہاتھ آئے، خالی ہاتھ گئے

نیازی صاحب کے بارے میں قلم اٹھانے سے قبل میں نے 'انٹرنیٹ' پر ان سے متعلق کچھ تلاش کرنے کی کوشش کی تو ان کے انتقال پر ممبئی کے ایک سینئر صحافی ندیم صدیقی کا مضمون نظر سے گزرا، جس میں انہوں نے اردو صحافی اور صحافت کا نقشہ کچھ یوں کھینچا تھا کہ:

"۔۔۔ منیر نیازی سے پہلی بار کلکتے کے سب سے بڑے اُردو اخبار کے دفتر میں ملاقات ہوئی تھی، وہی روایتی چہرے مُہرے اور ممبئی کی زبان میں کہا جائے تو سوکھے ہوئے چہرے پر حالات کی حزنیہ کہانی لکھی ہوئی تھی۔ ان سے مل کر جب اخبار کے چیف ایڈیٹر کے کیبن پر نظر پڑی (جب کہ ہم چیف ایڈیٹر ہی سے ملنے گئے تھے۔) تو ان حضرت کی رنگین تصویر دیکھی تو کلہ" بھرا ہوا تھا اور سپید رنگ کے لحیم و شحیم شخص کا چہرہ ایسے لگ رہا تھا کہ اگر کوئی منہ نوچ لے تو خون کی دھار، ابھی بہہ نکلے۔

یہ صورت دیکھ کر ایک بار منیر نیازی کے 'چہرے' کی طرف دیکھا تو سرخ و سپید چہرے والے سے پھر ملنے کی خواہش دم توڑ گئی بلکہ قلب و ذہن میں ایک منفی لہر سی محسوس ہوئی، وہ لہر تو اب نہیں مگر اس کا تاثر اب تک ذہن پر باقی ہے۔

سید منیر نیازی، غازی پور میں اپنی صاف ستھری زندگی کے ساتھ رخصت ہو گئے یہ کم بڑی بات نہیں کہ ان کے صحافتی کردار پر ایک معمولی سا دھبہ تو دور ایک چھینٹا بھی نہیں تھا۔۔۔ یاد آتا ہے کہ جب کلکتے کی چونا گلی میں حکیم حسینی کے گھر منیر نیازی سے آخری ملاقات ہوئی تو اُن سے بہت سی باتیں ہوئی تھیں، ان کا بیان یہاں ممکن نہیں مگر ایک سینئر صحافی کی طرف سے ایک جونیئر اخبارچی کو بڑی بلیغ نصیحت کی تھی انہوں نے۔۔۔

"ندیم میاں! قلم ہمارے آپ کے پاس ایک امانت ہے۔ یہ اپنی ذات کا اشتہار لکھنے کیلئے نہیں ہوتا۔۔"۔۔۔

ایسے ہی قلم کے امین تھے۔۔۔ اور منیر بھی۔۔۔ سید منیر نیازی!! ان کی 'سیدی' ان کے ساتھ کیا آج بھی روشن نہیں ہے؟!۔۔۔"

اس سے اردو صحافت کی کچھ اور باریکیوں کا اندازہ لگایا جا سکتا ہے، جس پر آگے بات

ہوسکتی ہے۔ اتنا ضرور ہے کہ نیازی صاحب نے جس ایمانداری اور محنت سے کام کیا اس کا موزوں و مناسب صلہ انہیں نہیں ملا۔ انھوں نے اخبار کو وقت نہیں بلکہ زندگی دے دی لیکن ہاتھ کیا آیا؟

Syed Munir Niazi, Urdu journalism never forgets him.

***

۹

روزنامہ منصف: کے ہفتہ وار ایڈیشن :

تعارف اور افادیت

رفیع الدین حنیف قاسمی

اردو زبان ادبی اور دینی زبان ہے ، جہاں بھی اردو زبان ہوگی وہاں اسلامی دینی چھاپ ، اسلامیت کی بو ضرور نظر آئے گی، اردو صحافت اور اس کی آبرو وعزت کی محافظت، اس نوک وپلک کو درست کرنا، اس کی خدمت دراصل اسلامی تہذیب وثقافت کی حفاظت ہے ، جو دراصل مشرقی تہذیب بھی ہے ، اردو زبان کے بے وقعتی اس دور میں جب کہ ہر جگہ انگریزی زبان کا چرچا ہے ، پرانے لوگ انگریزی پر عبور اور واقفیت کے باوجود اردو زبان کے بولنے اور لکھنے کو باعث افتخار سمجھتے تھے ، اردو کی شیرینی اور مٹھاس اس کا طرز تکلم سامعین کو محظوظ کئے دیتا تھا، جہاں اب اردو میں انگریزی الفاظ کے بکثرت استعمال کو عزت وقار کا پیمانہ سمجھا جاتا ہے، نسل نو کی تربیت بھی اسی انداز میں کی جاتی ہے وہ انگریزی پر عبور حاصل کریں، اردو کو بے وقعت بے حیثیت سمجھا جاتا ہے، بہت سارے عصری تعلیم یافتہ، معاشرہ اور سماج میں وقعت اور قدر کی نگاہ سے دیکھے جانے والے اردو زبان سے بالکل نابلد اور ناآشنا ہوتے ہیں، ٹھیک ہے ، انگریزی زبان ہر

شخص کو ضرور سیکھنا چاہئے، انگریزیزبان عالمی زبان ہے، اس میں معاش ہے، عزت واحترام ہے، لیکن اردو زبان سے ہمارے قوم کی اتنی بے اعتنائی اور بے توجہی کے ساری تعلیم سے فراغت اور بڑے بڑے عہدوں پر فائز ہونے کے بعد بھی اردو سے بالکل نا آشنا، یہ بالکل زیب نہیں دیتا، اردو تومادری زبان ہونے کے ساتھ ساتھ ملکی زبان بھی ہے، تکلم توٹھیک، لیکن اردو تحریر کی پڑھنے سے واقفیت بالکل نہ کے درجے میں ہوتی ہے۔

اخبار "منصف" خان صاحب مرحوم کالازوال کارنامہ

خان لطیف خان صاحب نے اردو صحافت کو ہندوستان کی سطح پر "منصف" کو نئے آب وتاب، نئے رنگ وآہنگ میں لاکر جو لازوال کارنامہ انجام دیا، اردو صحافت کی ہر پہلو سے جو خدمت کی ہے، یہ ان کے لئے روز آخرت میں ذخیرہ آخرت اور ان کی بلندی درجات کا باعث ہوگا، اس لئے کہ خان لطیف خان صاحب نے "منصف" کو ۱۹۹۶ میں اپنی باگ ڈور میں لیا، اس لئے کہ "منصف" کے ابتدائی بانیوں میں جن کی ادارت میں "منصف" کی اشاعت ہوتی تھی، جناب محمود انصاری صاحب جنہوں نے منصف کی ادارت سنبھالی، وسائل کی کمی وجہ سے اس کی اشاعت میں مسلسل کمی واقع ہورہی تھے، پھر ان کے رحلت کے بعد ان کے بھائی جناب مسعود انصاری کے لئے اس اخبار کو چلانا جوئے شیر لانے کے مترادف ہوگیا، نوبت اخبار کے بند ہونے کی آگئی، ایسے مشکل مرحلے میں "خان لطیف خان صاحب مرحوم" جیسے مرد آہن نے اس بند ہوتے ہوئے اخبار کی ادارت اور اشاعت کا ذمہ اپنے کاندھوں پر لیا، پھر اس کے بعد "خان لطیف خان صاحب" جس رنگ وآہنگ کے ساتھ، پوری دلجمعی اور دلچسپی کے ساتھ اخبار کی اشاعت میں لائی، قابل دید، نہایت خوبصورت طباعت، رنگ، دیدہ زیب، خوشنما سرورق نے اخبار کو شہرت کی بلندی پر پہنچادیا، دیکھتے ہی دیکھتے اخبار ہندوستان کی سطح پر سرفہرست،

مقام اول حاصل کرنے والا اخبار بن گیا۔

منصف کی مقبولیت کی وجہ

"منصف" اخبار کی مقبولیت کی وجہ دیگر اخبارات کے مقابلے جہاں اس کے دیب زیدہ ہونا، رنگ وروغن سے مزین ومرصع ہونا، خبروں کا انتخاب تھا، جو کہ تمام اخبارات کی مشترکہ کوشش ہوتی ہے، بلکہ منصف اخبار کو اس حیثیت سے بھی امتیاز حاصل تھا کہ اس کے چار صفحات رنگین شائع ہوتے ہیں، لیکن سب سے زیادہ "منصف" کی مقبولیت کا راز، اس کے قبولیت عامہ کا سرنہاں، اس کے ہر روز کے ایڈیشن ہیں، جو ہفتہ واری ہر پیشہ سے متعلق شخص کی جہاں روح کی غذا اوراس کی صلاحیتوں اور لیاقتوں کو مہمیز دینے کا باعث ہوا کرتے ہیں، وہیں عام قارئین کے لئے مختلف پہلوں پر دلچسپ معلومات کی فراہمی کا ذریعہ ہیں۔

ان میں سر فہرست "منصف "کا جمعہ کا ایڈیشن "مینارہ نور " ہے جو خان صاحب مرحوم کے ساتھ ساتھ اس کے مرتبین کی جدوجد کا آئینہ دار ہوا کرتا ہے، جس نے نا صرف اسلامی تاریخ، سیر وسوانح، اسلامی تعلیمات، اسفار کی روداد کو بیان کرتا ہے، اس کے ساتھ ساتھ اس ایڈیشن نے کئی لوگوں کی قلمی صلاحیتوں کو نکھارا اور ابھارا ہے، خصوصا مولانا خالد سیف اللہ رحمانی مدظلہ العالی کا "شمع فروزاں" واقعتاحالات کی مناسب سے اسم بامسمی ہوا کرتا، بلکہ امت مسلمہ کے وقت اور مشکلات میں رہنمائی ورہبری کی "شمع فروزاں "ہوا کرتی ہے، جو ہفتہ واری انداز میں یہ "شمع" جل کر اپنے آپ کو خاکستر کر کے امت مسلمہ کی رہنمائی ورہبری کا سامان فراہم کرتی ہے، وہیں اس کے ساتھ ساتھ اس ایڈیشن کے مواد خطباء وائمہ حضرات جمعہ کے بیان کے لئے استفادہ کرتے اور خطبہ جمعہ کی تیاری کرتے ہیں، نہ جانے کتنے قلم کاروں نے اس ایڈیشن کے ذریعہ اپنی قلمی

صلاحیتوں کو پروان چڑھایا بلکہ علمی اور دینی پیاس بجھائی۔ حقیر کو بھی یہ اعزاز حاصل ہے کہ میری ترجمہ کردہ "کلیلہ ودمنہ" جو عربی ادب کا شاہکار ہے، دیگر مضامین کی اشاعت کے ساتھ ساتھ اس ایڈیشن کی مختلف تقریبا ۲۱ قسطوں میں اشاعت کا باعث بنا، مولانا احمد ومیض ندوی مدظلہ العالی بھی اس ایڈیشن کے خصوصی قلم کاروں میں رہے، محسن عثمانی صاحب کی قلمی کاوش بھی ایک "دیدہ ور، دوربین نگاہ" شخص کی طرح اس صفحہ کی زینت کا سامان بن رہے ہیں، ابھی بھی یہ ایڈیشن یکساں مقبولیت کے یکساں طور پر اپنے سمت وجہت پر جاری وساری ہے۔ اس کی مقبولیت کی بناپر اس کو آٹھ صفحات پر شائع کیا جاتا ہے۔

بروز ہفتہ "نئے منزلیں نئے قدم" اس میں بھی نئی منزلوں کے متلاشیوں، روزگار اور نوکریوں کے لئے جدوجہد کرنے والوں کے لئے نئے نئے گر بتائے جاتے ہیں، ان کی منزل مقصود کی تعیین کرنے کے لئے مختلف مضامین عصری تعلیم یافتہ لوگوں کی رہنمائی ورہبری کے لئے سپرد قرطاس کئے جاتے ہیں۔، اخیر ش باذوق حضرات کے لئے کھیل سے متعلق بھی معلومات فراہم کی جاتی، یہاں پر اس ایڈیشن کے موضوع احقر نے مختصر قلم آزمائی کی کوشش کی ہے۔

روز "اتوار" کا ایڈیشن "نقوش" بھی نہایت مقبول عام ہے، جس میں سیاسی وملکی وعالمی احوال کا تجزیہ، نہایت تجربہ کار قلم کاروں کی تحریر میں شائع ہوتا ہے، پہلا صفحہ پر نہایت نمایاں عالمی اور ملکی خبروں کو جگہ دی جاتی ہے، دوسرے صفحہ پر ملکی خبریں کا تجزیہ ہوتا ہے، پھر عالمی خبریں تین صفحات پر مشتمل ہوتیں ہیں، اخیر ش پھر ملکی احوال پر مضامین لکھے جاتے، میں نے بھی ایک چھوٹے قلم کار ہونے کی حیثیت سے بہت خواہش تھی اس ایڈیشن میں جو کہ اپنے مقبول عام ہونے کی وجہ سے آٹھ صفحات پر مشتمل ہوتا

ہے، اس میں کئی ایک مضامین الحمد للہ لکھے شائع ہوئے۔ اس میں ایک صفحہ فلمی معلومات پر مشتمل ہوتا ہے، البتہ منصف کی دیگر اخبارات کے مقابلہ میں خصوصیت یہ ہے کہ اس میں فلموں سے متعلق روزانہ خبریں شائع نہیں کی جاتی، البتہ اس فلمی صفحہ کو بھی احتراما بموقع رمضان رمضانی معلومات، احوال رمضان کی عالمی تصاویر پر مشتمل کر دیا جاتا ہے۔

اس میں محترم "عادل صاحب" کا کالم "طرفہ تماشا" لائق مطالعہ ہوتا ہے، بڑا خوب لکھتے ہیں، بسا اوقات اپنے احوال پر مشتمل ایسے مضامین ترتیب دیتے ہیں، الفاظ کی ہیرا پھیری، برجستگی اس میں نیا رنگ وآہنگ عطا کرتی ہے، خوب مزہ آتا ہے، مزاح سے بھر پور مضامین کئی دفعہ ساتھیوں کی محفلوں میں سنا کر جہاں زبان وادب کو سیکھنے کا موقع ملا، محفل یاراں ہنسی وخوشی لالہ زار ہو گئی۔

روز پیر کا "گلدستہ" ہے، یہ تو بچوں کی جان ہوا کرتی ہے، معصوم کلیوں کو مختلف پرائے میں ان کو دینی واصلاحی وعلمی وسماجی ومعاشرتی اور عصری انداز میں پروان چڑھانے کا کام بڑے سلیقہ سے چار صفحات پر نہایت خوب تر انداز میں کہانیوں، خبروں، خطوط ورسائل اور مہندی کے ڈیزائن سمیت، بچوں کی ہمت افزائی کے لئے سالگرہ کے موقع سے ان کی تصاویر شائع کی جاتی ہیں، بلکہ بسا اوقات پینٹنگ کے مسابقہ کے انداز میں اس میں بچوں کی مقابلہ بازی ہوتی ہے، سرفہرست کو نمایاں چھاپا جاتا ہے، میری بچپن سے اس ایڈیشن اور صفحہ کے ساتھ لگاؤ رہا ہے، یہی صفحہ کا کردار ہے جس نے مجھے لکھنے کی صلاحیت عطا کی، جس میں نے فراغت کے بعد عربی کتب سے ترجمہ کرکے کئے ایک کہانی شائع کروائی، بچپن میں "چچا جان کے نام خط" میں کئے ایک خصوط لکھے۔ کہانیاں پڑھیں، ساتھیوں کو سنائی، لڑکپن میں واقعی خوب محظوظ ہونے کا سامان حاصل ہوا، اساتذہ سے طلب کرکے پڑھتے، بمشکل حاصل ہوتا۔ یا مدرسہ سے باہر ایک صاحب "دوکان" سے

دوستی کرلی، وہاں جاکر سارا صفحہ چاٹ کر آجاتے۔

بروز منگل "سائنس طب وٹکنالوجی" سے متعلق معلومات پر مشتمل یہ ایڈیشن بھی نہایت وقعت کی نگاہ سے دیکھا جاتا ہے، سائنس سے متعلق معلومات بہم پہنچائی جاتی ہیں، طب اور صحت سے متعلق معلومات اطباء اور ماہرین فن فراہم کرتے ہیں، اس کی بھی خصوصیت حیثیت ہے، یہ اطباء کی جولان گاہ ہے، ان کی قلمی صلاحیتوں کا آئینہ دار ہے۔ یہاں پر بھی میں نے کچھ مضامین طب سے متعلق عربی زبان سے ترجمہ کرکے شائع کروائے، بڑا مزہ آیا۔

بروز "چہارشنبہ" "گھر آنگن" ایڈیشن یہ معاشرت کے حوالے سے نہایت پر معز مواد پر مشتمل ہوتا ہے، اس میں خاندانی، گھریلو احوال، معاشرتی زندگی میں میاں بیوی، ماں باپ سمیت دیگر رشتہ داروں سے احسان وسلوک کے حوالہ مضامین شامل اشاعت ہوتے ہیں، خصوصا عورتیں مضامین لکھا کرتی، کئی ایک خواتین ماشاء اللہ بڑا خوب لکھا کرتی، اس میں افسانہ بھی ہوتے ہیں جو معاشرت اور گھریلو زندگی کے بناء اور بناؤ پر مشتمل ہوتے ہیں، آخیرش اس صفحہ میں صنف نازک کے بناؤ وسنگار، صحت وخوبصورتی سے متعلق مضامین ومعلومات بھی شامل ہوتے ہیں، کھانے پکانے کے حوالے سے مختلف مواقع اور موسم سے متعلق مختلف ڈشش بنانے کی رہنمائی بھی مزیدار ہوتی ہے۔ یہ وہ صفحہ ہے جس پر میں نے قلم آزمائی "گلدستہ" کے بعد کی، کئی ایک مضامین ابتدائی مرحلہ میں شائع ہوئے، بڑی خوشی اور مسرت ہوتی جب اول صفحے پر مضامین شامل ہوتے۔

بروز "جمعرات" ایڈیشن" آئینہ شہر" واقعتا یہ صفحہ شہر "حیدرآباد" کا آئینہ دار ہوتا ہے، یہاں کی تہذیب وتمدن، سماج ومعاشرہ میں پیش آنے والے احوال، تاریخ شہر "حیدرآباد" اس کے مختلف ادوار اور حکمرانوں کے تذکرے پر مشتمل ہوتا ہے، بڑا

خوبصورت، دیدہ زیب، اس کے اندرونی حصہ میں دو صفحات پر "آئینہ ادب" کے نام سے ادیبوں کی قلموں کی جولانگاہ ہوتی ہے، جس میں ادیبوں، شاعروں کی طبع آزمودہ اشعار شامل ہوتے ہیں، نہ جانے کتنے شاعر اور ادیبوں نے اپنی قلم کی اس ایڈیشن کو جولانگاہ بنایا، طبع آزمائی کی، اس میں بڑے شعراء کے سوانح حیات کو بھی شامل اشاعت کیا جاتا ہے، ادبی اور شعری مجموعوں کا تعارف بھی اس ایڈیشن کی زینت بنتا ہے، خصوصا آئینہ شہر کے حوالہ سے جو شہر حیدرآباد کی تہذیب و تمدن کا عکاس ہوتا ہے، اس حوالے سے یہ بتاتا چلوں گرچہ مضمون طویل تر ہوتا جارہا ہے، لیکن جس خوان پر کھایا اس کی تعریف نہ کی جائے تو بڑی ناسپاسی ہوگی، میں نے اس میں ایک مضمون " دنیا کے اے مسافر منزل تیری قبر ہے " کے عنوان سے طبع کروایا، جس میں شہر حیدرآباد میں قبرستانوں کو جو جوؤں اور شراب نوشیوں کے اڈے بنائے جارہے ہیں، یا قبرستانوں کو منہدم کر کے اس پر تعمیرات کی جارہی ہیں، اس میں یہ بتلایا ہے یہ جگہ جائے عبرت ہے، نہ کہ جائے تماشا، ولہو ولعب، ایک دوسرا مضمون "شہری راستے اور ہماری ذمہ داریاں" کے عنوان سے شائع کروایا، جس میں یہ بتلایا گیا کہ شہری راستوں کو اپنی ضروریات اور خصوصی تقاریب اور تعمیرات کے لئے اس طرح پاٹ دینا یہ اخلاق وتہذیب اور شہری رواداری کے خلاف ہونے کے ساتھ ساتھ یہ شریعت کے خلاف بھی ہے۔

ایک مضمون میں نے سپرد قلم کیا" شہر میں شوقیہ کتے پالنے کا رجحان" میں نے ایک دفعہ شہر کے پاش علاقے بنجارہ ہلز میں لوگوں کو کتوں کے ساتھ تفریح کرتے ہوئے دیکھا جس میں مسلمان بھی شامل ہیں تو مجھے یہ بڑا برا لگا کہ ویسے بھی شریعت میں کتے کو بغیر ضرورت کے گھر میں شوقیہ پالنا غلط ہے، لیکن ان گھرانوں کی یہ صورتحال ہوتی ہے، کتوں کا تو احترام کیا جاتا ہے، ان کی وقعت وقدر کی جاتی ہے گھر کے چپراسی کو وہ اہمیت

نہیں دی جاتی، کتا انسان سے بھی زیادہ اہمیت کا حامل ہوتا ہے، ایک مضمون " شہر میں فقیروں کی کثرت لمحہ فکر " یہ بالکل سرورق پر شامل اشاعت ہوا تھا، اولا تو اخبار کی خریداری کے بعد اخیر صفحہ پر نظر کی تو دیکھا کہ میرا مضمون تو شائع نہیں ہوا، پھر اس کو لپیٹ کر نہایت غم افسوس کے ساتھ گھر لے آیا، پھر دوبارہ نظر کی تو دیکھا سرورق پر شائع ہوا ہے، خوشی کی کوئی انتہا نہیں رہی، اس کے علاوہ بھی دیگر مضامین شائع ہوئے۔

اس "آئینہ شہر" کے تذکرہ کے میں خصوصا محترمہ "ادویش رانی" محترم "سید عباس متقی صاحب" کا ذکر نہ کروں بڑی ناسپاسی ہوگی، یہ اس ایڈیشن کی زینت ہیں، اس میں ادویش رانی صاحبہ کے قلمی صلاحیتوں، اردو کے ساتھ حد درجہ محبت اور شہر حیدرآباد کی تاریخی عکاسی واقعی باسیان شہر حیدرآباد کے لئے خوان غیر مترقبہ ہوتے ہیں، محترم عباس متقی صاحب کی قلمی جولانیوں پر تو دل اش اش کرنے کو چاہتا ہے، ذاتی احوال کو بھی ادبی زبان، فارسی زبان کے واقعی چربے کے ساتھ اس خوبصورتی کے ساتھ شامل کرتے ہیں کہ زبان اردو کے شہنشاہ نظر آتے ہیں۔

اخیر میں "ادارتی صفحہ "کا بھی تذکرہ کرتا چلوں، یہاں پر بھی میں نے خوب قلم آزمائی کی، بڑا شکر گذار ہوں تمام مرتبین ایڈیشن اس حقیر نوجوان کو اس قابل سمجھا کو انہوں ن اپنے ایڈیشنوں میں مضامین کو شامل کیا، اس کا "اصل اداریہ" واقعی احوال کے لحاظ سے اردو صحافت موجودہ احوال کا آئینہ دار ہوتا ہے، پھر مضمون والا حصہ بھی مختلف قلم کاروں اور تجزیہ نگاروں کی قلمی کاوش سے ملکی وعالمی احوال کو لوگوں کے سامنے پیش کرتا ہے، "زیر وزبر" یہ ادیبوں کی ادبی صلاحیتوں کا عکاس ہوتا ہے، جس میں نہایت خوبصورتی اور اردو کی ادبی زبان میں اپنے ذاتی احوال کو پیش کرتے ہیں، بڑا مزا آتا ہے، جب فرصت کے لمحات تھے، طالب علمی کا زمانہ تھا، خوب پڑھتے، محظوظ ہوتے ہیں،

"میڈیا کی آنکھ" میں ملکی و غیر ملکی احوال مختلف اخباروں کے تراجم کر کے پیش کئے جاتے جو نہایت پر مغز اور قابل استفادہ بھی، "ایڈیٹر کے نام خط" یہ ماشاء اللہ یہ لوگوں کے احوال، وکوائف، بستیوں اور سماج و معاشرے کی کمزوریوں کو لوگوں تک پہنچانے اور ان کوائف واخبارات کو عام کرنے مسائل کو حل کروانے کا ایک واقعی ایک بڑیا پلیٹ فارم ہے۔

میں در اصل ان ایڈیشنوں ان کی خصوصیات کے تذکرہ کے ذریعہ یہ بتلانا چاہتا ہوں، خان لطیف خان صاحب ان کے معاونین، احباب اور مرتبین نے کتنی کاوش سے ان صفحات کو ترتیب دیا، جس کا سہرا تو در اصل مرحوم خان صاحب کے سر جاتا ہے، جنہوں نے اس "خوان ہمہ اقسام طعام ذوق" کو ترتیب دیا، یہ ادبی محفل سجائی، جس میں ہر شخص کے میدان کا مواد اور مغز موجود ہوتا ہے، ہر شخص کو اس کے ذوق کے مطابق اپنے قلمی جولانیوں کو پروانے چڑھانے اور اس کے ساتھ ساتھ قارئین کو متعلقہ ذوق کے مطابق معلومات فراہم کرنے کا یہ کتنا بڑا ذریعہ ہے، یہ سب سارا کارنامہ احباب کے ساتھ اصل چیف ایڈیٹر مرحوم خان لطیف خان صاحب کے حساب میں آتا ہے، جنہوں نے اس کارنامہ کو انجام دیا اور خصوصا حیدرآباد کی سطح پر اردو صحافت کی لاج رکھنے کے لئے خوب کام کیا۔

مجھے تو ذاتی تعارف زیادہ نہیں بحوالہ حضرت مولانا احمد ومیض ندوی صاحب مدظلہ العالی: سب کے سرخیل جوائنٹ ایڈیٹر متین صاحب، "مینارہ نور" کے مرتب مبین صاحب، مرتب "نقوش" رضی الدین صاحب، "گھر آنگن" اور "آئینہ شہر" کے مرتب محترم حمید عادل صاحب سمیت "اداریہ" کے مرتب "ضیاء المصور" مزید مرتب "نئ منزلیں نئے ند قدم" اور "سائنس طب ٹکنالوجی" کے مرتبین کا ذکر کرتا چلوں جو اس میر کارواں کے رفقاء نمایاں ہیں، جن کے محنتوں کا یہ "خوان روحانی و علمی" ہے جس سے ہم

مستفید ہو رہے ہیں

اللہ عزوجل ہمارے خان لطیف خان صاحب کی سماجی، ملی، تعلیمی، ہر اعتبار سے خدمات کو قبول فرمائے، ان کو جنت میں اعلی علیین میں مقام عطا فرمائے، ان کے احباب و متعلقین کو صبر جمیل عطا فرمائے، اس "منصف" کے پلیٹ فارم کو اردو صحافت کی بقا وجد وجہد کا ذریعہ بنائے، ان مختلف المذاق ایڈیشنوں اس کے قلم کاروں اور قارئین کی جانب سے اس کا ثواب اور صدقہ جاریہ خان لطیف خان صاحب کو عطا فرمائے (آمین)

The daily supplements of Urdu Daily MUNSIF, Article by: Rafiuddin Hanif Qasmi

***

۱۰

آن لائن اردو صحافت۔ عصری اقدار اور تقاضے

مکرم نیاز

ڈیجیٹل جرنلزم یعنی آن لائن صحافت موجودہ دور میں اردو زبان کے لیے بھی کوئی نئی بات نہیں رہی ہے۔ مشہور زمانہ بی۔بی۔سی کی ویب سائٹ، وائس آف امریکہ، جرمنی سے ڈوئچے ویلے، صدائے روس، مشرق وسطیٰ سے العربیہ اور پڑوسی ملک پاکستان سے جنگ، ڈان کے علاوہ سینکڑوں قومی و علاقائی اخبارات کی اردو ویب سائٹس عرصہ دراز سے انٹرنیٹ پر موجود ہیں۔

اس میں شک نہیں کہ ہندوستان کے تقریباً تمام اہم اردو اخبارات اپنے پرنٹ ایڈیشن کے ساتھ ویب ایڈیشن بھی جاری کرتے ہیں جن میں منصف، سیاست، راشٹریہ سہارا، انقلاب، اعتماد، اردو ٹائمز، صحافت، ہندوستان ایکسپریس، اخبار مشرق، اودھ نامہ، ہمارا سماج، عزیز الہند کے علاوہ دیگر بہت سے علاقائی اخبارات شامل ہیں۔ مگر یہ صورتحال تھوڑی تشویشناک ہے کہ جدید عصری تقاضوں کے مطابق ہندوستان سے شائع ہونے والے اردو اخبار معدودے چند ہی ہیں۔

عصری آن لائن صحافت کی یوں تو ڈھیر ساری خصوصیات گنائی جاسکتی ہیں مگر سب سے بڑی خصوصیت مطلوبہ مواد کی فوری تلاش میں سہولت کی عام دستیابی ہے۔

گلوبل ولیج یا گوگل ایج کے دور کا صارف آج کسی نشریاتی ادارے یا اخباری ایجنسی کا قیدی نہیں رہا ہے۔ وہ براہ راست انٹرنیٹ کے کسی سرچ انجن کے سہارے مطلوبہ مواد اپنے مطالعے یا اضافۂ معلومات کی خاطر حاصل کر لیتا ہے چاہے وہ داعش جیسی انتہا پسند تنظیم سے متعلق مواد ہو، یا مسلم دنیا کی کشمکش کی صورتحال یا برصغیر کی سیاست و سماجیات کے اتار چڑھاؤ کے مسائل ہوں یا کھیل و تفریح کی دنیا کی خبریں ہوں۔ دنیا کا کوئی موضوع ایسا نہیں جسے کی۔ بورڈ یا موبائل کے ذریعے چند الفاظ کو لکھ کر اس سے متعلق تازہ ترین خبر یا معلومات حاصل نہ کی جا سکیں۔

بین الاقوامی زبانوں کی کمپیوٹر میں شناخت کے واحد نظام کے طور پر ہر چند کہ "یونیکوڈ" کا اجرا ۱۹۹۱ میں ہو گیا تھا مگر اردو زبان کی شمولیت اس نظام میں ۱۹۹۹ میں ہوئی اور ونڈوز۔ ۲۰۰۰ وہ پہلا آپریٹنگ نظام تھا جس میں باقاعدہ اردو کی بھی سپورٹ رکھی گئی تھی۔ ان ۱۴ سالوں کے دوران انٹرنیٹ پر تلاش کے قابل تحریری اردو زبان نے جو ترقی کی ہے وہ آج ہم سب کے سامنے واضح ہے کہ سرچ انجنز اردو رسم الخط میں کی گئی تلاش کے بہتر نتائج پیش کرتے ہیں۔ بطور مثال اگر کسی سرچ انجن میں "زاہد علی خان سیاست" کے الفاظ تلاش کیے جائیں تو نتائج کے صفحہ پر سیاست کی ویب سائٹ کے روابط سب سے اوپر نمودار ہوتے ہیں اسی طرح "مجلس اتحاد المسلمین اعتماد" کے الفاظ کی تلاش پر روزنامہ اعتماد کے مختلف صفحات کے لنکس ہمیں دستیاب ہوں گے۔

آن لائن جرنلزم کی خصوصیت یہی ہے کہ متعلقہ مواد کی فوری تلاش کی سہولت نے جہاں آسانی بہم پہنچائی ہے وہیں تحقیق و تفتیش کی ذمہ داری بھی صحافیوں پر عائد کی ہے۔ ہمارے سامنے کسی موضوع سے متعلق لامتناہی مواد موجود ہے اور اس میں سے سچائی کو ڈھونڈ نکالنا ہے تاکہ درست معلومات کی رسائی قارئین یا ناظرین تک ہو سکے

بصورت دیگر کاہلی، لاپروائی یا حد سے زیادہ جذباتیت عوام میں صحافت کے معیار اور اعتماد کو کھونے کا سبب بنے گی۔

روایتی صحافت کے مقابلے میں آن لائن جرنلزم نے زبان کا مسئلہ بھی بڑی حد تک ختم کر دیا ہے۔ گوگل ٹرانسلیٹ کی مدد سے دیگر زبانوں یا معاشروں کے اصل مواد تک پہنچتے ہوئے کسی موضوع کے حقائق کا علم حاصل کیا جا سکتا ہے۔ یعنی کسی خبر کی سرخی کے انگریزی الفاظ کا متعلقہ زبان میں ترجمہ اور پھر اس ترجمے کی سرچ انجن تلاش کے ذریعے اس معاشرے یا ملک کی متعلقہ خبروں کا گوگل ترجمہ ہی کے توسط سے مفہوم حاصل کیا جا سکتا ہے۔

اگر صحافت صحت مند جمہوریت کا چوتھا ستون ہے تو سب سے پہلے خود اسے ایک محتسب کی ضرورت لاحق ہے۔ کیونکہ انصاف یہ نہیں کہ کوئی خود کو احتساب سے مستثنیٰ کر کے دوسروں کی جانچ پڑتال کو اپنا حق باور کرے۔ یہی سبب ہے کہ گذشتہ زمانے کے برعکس آج کے انٹرنیٹ دور میں تحقیقاتی صحافت کو زیادہ معتبر اور اہمیت و افادیت کے قابل باور کیا جا رہا ہے۔ آن لائن صحافت پر عبور رکھنے والا ایک صحافی متعلقہ دستاویزات کی چھان بین کرتے ہوئے ممکنہ غلطیوں اور مفروضوں کا پتا چلاتے ہوئے درست نتیجے کے زیادہ قریب پہنچ سکتا ہے۔

لیکن جہاں تک اردو کی تحقیقاتی صحافت کا سوال ہے، یہ امر باعث تشویش ہے کہ دیگر زبانوں کے بالمقابل معیار و تحقیق کے بجائے جذباتیت و اشتعال انگیزی پر زور دیا جا رہا ہے۔ اس کی ایک حالیہ مثال روضہ نبوی کے مقام کی تبدیلی کے حوالے سے دو برطانوی اخبارات کی آن لائن رپورٹ کو بغیر تحقیق کے، ایک مخصوص نقطہ نظر سے شائع کرنا اور عوام کے جذبات کو بھڑکانا تھا۔ حتیٰ کہ سوشل میڈیا پر بھی اصل حقائق کی جڑ تک

پہنچے بغیر اس مسئلہ کو بھرپور طریقے سے اچھالا گیا۔ بعد کے واقعات اور خود ہمارے ملک میں موجود سعودی سفارت خانے کی وضاحت نے اصل منظر نامہ سے عوام کو آگاہ کیا کہ اس افواہ کی حقیقتاً کوئی بنیاد نہیں تھی۔ حالانکہ اگر کوئی اردو صحافی تھوڑی سی محنت کرتا اور اس موضوع پر عربی اخبارات کے مضامین اور تجزیوں کا سرسری ترجمہ ہی دیکھ لیتا تو اس پر حقیقی صورتحال یقیناً روشن ہو جاتی تھی۔

دوسری مثال داعش کے معاملے میں روزنامہ "قاصد" دہلی کے مدیر اشہر ہاشمی نے اپنے ایک اداریہ میں پیش کی ہے۔ وہ لکھتے ہیں: "پورا عالمی میڈیا اس وقت عالم اسلام کی جو تصویر پیش کر رہا ہے وہ اصل سے بعید، پیچیدہ اور گمراہ کن ہے۔ ہم بڑے شوق سے یہ تمام خبریں چھاپتے ہیں یہ جانے بغیر کہ اصل واقعہ کیا ہے۔ صرف ایک مثال سامنے رکھیں۔ غزہ میں حماس کے خلاف جس وقت اسرائیلی وحشت اور درندگی کا بازار گرم تھا اسی وقت عراق اور شام میں داعش بھی شریک کلمہ مسلمانوں پر ویسی ہی بربریت کا مظاہرہ کر رہی تھی جیسی بربریت کا مظاہرہ غزہ میں تھا۔ لیکن عالمی پریس غزہ کو اچھال رہا تھا۔ عراق کی صورتحال کی پردہ پوشی کر رہا تھا۔ ریکارڈ ہمارے سامنے ہے کوئی بھی اردو اخبار اٹھا کر دیکھ لیں۔ غزہ کی خبریں ان کے احتجاج، رد عمل، بیان بازی سے اخبارات بھرے پڑے ہیں۔ ۲۵ سال جنگ سے تباہ حال عراق میں بچی کھچی امید پر بھی پانی پھیرنے والی ایک زیادہ سفاک اور تباہی خیز مہلک طاقت داعش کے خلاف نہ کسی رنج کا اظہار ہوا نہ احتجاج کا۔ یہ صورتحال اس بات کا تقاضا کرتی ہے کہ خبروں کے انتخاب اور ترسیل اور اشاعت میں توازن لانے کی کوشش کے ساتھ اس کا لحاظ رکھا جائے کہ اردو پریس مغرب کے پروپیگنڈہ میں شریک نہ ہو۔"

آن لائن جرنلزم نے بلاشبہ اشاعتی ذرائع ابلاغ کے بالمقابل چند نئے اقدار کو عروج

پر پہنچایا ہے۔ پہلے کہا جاتا تھا کہ اخبار کی زندگی ایک روزہ ہوتی ہے مگر آج کی آن لائن صحافت نے اس تصور کو یکسر ختم کر دیا ہے۔ جس کا ایک فائدہ جہاں تحقیقاتی صحافیوں کو موضوعاتی تحقیق کے حوالے سے گذشتہ ایام کے مواد تک بآسانی رسائی کے ذریعے حاصل ہوا ہے تو زبان و ادب کی درستگی کے ہمہ جہتی مواقع نے بھی عام قاری یا ناظر کو مستفید کیا ہے۔

خبر یا مضمون کی کسی بھی وقت تدوین یا رد و بدل و اضافہ آن لائن صحافت کی خصوصیات میں شامل ہے۔ جبکہ اردو صحافت کے حوالے سے عموماً یہ شکایت عام ہے کہ پروف ریڈنگ کی غلطیاں اور لسانی اصول و ضوابط سے صرف نظر کیا جاتا ہے۔ اشاعتی ذرائع ابلاغ میں شاید یہ خامی قابل نظر انداز ہو کہ گذشتہ دن کے اخبار کو نہ کوئی پوچھتا ہے اور نہ ہی وہ محفوظ رکھا جاتا ہے۔ مگر یہی بات آن لائن صحافت کے اصول و اقدار کے حوالے سے درست نہیں کہلائی جا سکتی۔ کیونکہ آن لائن اخبار صرف ایک دن کے لیے نشر نہیں ہوتا بلکہ عین دوسرے دن سے تاریخ و تحقیق کا قابل دسترس حصہ بھی بن جاتا ہے۔ اور سرچ انجن قاری کو اس کی تلاش پر صرف وہی بتائیں گے جو اخبار کی ویب سائٹ پر محفوظ ہو۔ غلط املا یا صرف و نحو کی خامیوں کے سبب ایک تو درست مواد متلاشی کی دسترس تک پہنچ نہ پائے گا، دوسرے ایک غلط زبان انٹرنیٹ سرچنگ کے ڈیٹا بیس میں فروغ پاتی جائے گی۔ اور بہت ممکن ہے مستقبل کا اردو صحافی انہی سرچ انجنز کے نتائج کے حوالے سے عام قاری یا ناظر کو یہ باور کرائے کہ لفظ عوام "جمع مذکر" نہیں بلکہ "واحد مونث" ہے۔ درست لفظ "برافروختہ" نہیں "بروفراختہ" ہے کیونکہ گوگل سرچ کے ذریعے لفظ "بروفراختہ" بھی کئی اردو خبروں اور مضامین میں مل جاتا ہے۔

لہذا یہ ذمہ داری بھی آن لائن صحافت سے وابستہ افراد اور اداروں کی ہے کہ وہ

درست زبان کی حفاظت اور انٹرنیٹ پر اس کے فروغ کی خاطر خامی کی نشاندہی پر تدوین کے اختیار کا استعمال کرتے ہوئے زبان کے تئیں اپنی ذمہ داری کا فرض نبھائیں۔

ایک تصویر ہزار الفاظ پر بھاری ہے۔ اس مقولہ نے آن لائن جرنلزم کو بھی کافی حد تک متاثر کیا ہے۔ بلکہ یہ کہا جائے تو بے جا نہ ہو گا کہ اشاعتی ذرائع ابلاغ پر نشریاتی ذرائع ابلاغ کی ایک لحاظ سے برتری تصویر اور آڈیو ویڈیو کے ذریعے ہی ممکن ہوئی ہے۔ سوشل میڈیا پر موقع کی مناسبت سے تصویر یا ویڈیو کی فوری اشاعت نے کس قسم کے انقلابات لائے ہیں یہ تقریباً ہر عام آدمی جانتا ہے۔ مگر اس سہولت کے منفی استعمال نے آن لائن جرنلزم کی شہرت کو نقصان ہی پہنچایا ہے۔ یہی سبب ہے کہ مغربی مقالہ نگار اسٹیفن وارڈ نے آن لائن جرنلزم کی اخلاقیات واقدار کے حوالے سے تحریر کردہ مضمون میں ڈیجیٹل تصاویر کو موضوعِ بحث بناتے ہوئے کہا ہے کہ "بآسانی تصاویر کھینچنے، آن لائن نشر کرنے اور پھر اس میں ہیرا پھیری کرنے کے بڑھتے واقعات نے فوٹو جرنلزم کے ان روایتی اصول و اقدار پر سنگین ضرب لگائی ہے جو غیر ڈیجیٹل دور میں تصاویر یا ویڈیو کی نشر و اشاعت کے لیے مدون کیے گئے تھے۔"

ایسے واقعات آن لائن اردو صحافت میں بھی دیکھے جا رہے ہیں جس کے سدباب کی جانب انفرادی، اجتماعی اور ادارہ جاتی سطح پر توجہ دی جانی چاہیے۔

موجودہ دور میں آن لائن صحافت کا سب سے بڑا ہتھیار سوشل میڈیا باور کیا جاتا ہے جس میں فیس بک، ٹوئٹر، گوگل پلس، پن انٹرسٹ، لنکڈان، ٹمبلر، انسٹاگرام، فلکر وغیرہ شامل ہیں۔ چونکہ اشاعتی ذرائع ابلاغ پر آن لائن صحافت کی واضح برتری "بریکنگ نیوز" کے حوالے سے مانی جاتی ہے۔ لہذا ان تمام میں مقبول ترین سوشل میڈیا کا مقام "ٹوئٹر" نے حاصل کیا ہے۔ اس نے دیگر سوشل میڈیا پلیٹ فارم مثلاً فیس بک اور گوگل پلس کے

مقابلے میں جتنی تیزی سے مقبولیت حاصل کی ہے وہ اپنی مثال آپ ہے۔ در حقیقت ٹوئٹر ایک ایسا پلاٹ فارم ہے جس کے ذریعے کوئی بھی صحافی یہ جان سکتا ہے کہ کسی بھی لمحے دنیا میں کب کہاں اور کیسے کیا ہو رہا ہے ؟ کہا جاتا ہے کہ انگریزی اور دیگر غیر ملکی زبانوں کے اخبارات کے صفحہ اول کے پرنٹ ایڈیشن کی سرخیاں ٹوئٹر ہی کی بریکنگ نیوز کے سہارے طے ہوتی ہیں۔ ہندوستانی میڈیا (انگریزی اور ہندی) کی نامور ہستیاں، سیاست داں، صحافی، سماجی جہد کار اور فلمی شخصیات وغیرہ ٹوئٹر پر جہاں فعال نظر آتی ہیں وہیں عوامی ذہن سازی کا ہنر بھی ان کی ٹوئٹس سے نمایاں نظر آتا ہے۔ گو کہ ٹوئٹر پر آج سے ڈھائی برس قبل دائیں سے بائیں لکھی جانے والی چار زبانوں (اردو، عربی، فارسی اور عبرانی) کی سہولت فراہم کی گئی تھی مگر اس کے باوجود ہندوستانی اردو صحافت سوشل میڈیا کے اس اہم ترین پلیٹ فارم پر کم ہی نظر آتی ہے۔ اردو میں ٹوئٹ کرنے والے ہندوستانی اردو صحافیوں کی تعداد شاید ۲۰ سے بھی کم ہوگی۔ جبکہ پڑوسی ملک پاکستان سے یہی تعداد بلا مبالغہ ۱۰۰ سے اوپر ہے۔

ہندوستانی اردو صحافیوں کے لیے ضروری ہے کہ وہ رومن اردو یا انگریزی کے ساتھ ساتھ اردو رسم الخط میں بھی ٹوئٹ کرنے کے رجحان کو فروغ دیں۔ یا کم از کم اردو کے مقامی یا علاقائی اخبارات کی اہم سرخیوں کو ہی ٹوئٹ کر کے اپنی زبان کو سوشل میڈیا پر عوامی طاقت کا منبع بنایا جا سکتا ہے۔

برقی و مواصلاتی تکنالوجی کی تیز رفتار ترقی کے باعث آج دنیا ایک مختصر سے گاؤں میں تبدیل ہو چکی ہے۔ اب دنیا کے کسی بھی حصہ میں ہونے والا واقعہ یا سانحہ لمحہ بھر میں دنیا کے کونے کونے میں ہر زبان میں پہنچ جاتا ہے۔ آن لائن صحافت نے ابلاغی و مواصلاتی شعبے کی ریڑھ کی ہڈی کا درجہ حاصل کیا ہے۔ اردو زبان کے صحافیوں کو بھی اس

شعبے میں زیادہ سے زیادہ آگے آکر جہاں اپنی زبان اور تہذیب کی بقا و ترقی میں حصہ لینا چاہیے وہیں اپنی خداداد لیاقت و صلاحیتوں کی بین الاقوامی شناخت کے مواقع سے بھی وہ فیضیاب ہو سکتے ہیں۔ اس طرح وہ قارئین و ناظرین بھی جو کسی سبب اپنے ملک و معاشرے سے دور ہیں کسی غیر زبان کے بجائے اپنی ہی اردو زبان کے ذریعے اپنے وطن اور ہم وطنوں سے رابطے میں رہنے کی سہولت سے مستفید ہو سکتے ہیں۔

Online urdu journalism - contemporary values & demands

***

۱۱

اردو ناشرین ایڈیٹنگ اور انڈکسنگ کے فن سے نابلد: عارف اقبال

فرحان حنیف وارثی

اردو بک ریویو، اردو دنیا میں شائع ہونے والے تقریباً تمام ہی رسائل سے بالکل جداگانہ ہے۔ آخر محمد عارف اقبال کے ذہن میں اردو کی روایتی ڈگر سے ہٹ کر اس طرح کے منفرد رسالے کا خاکہ کس طرح آیا؟ محمد عارف اقبال کے بقول "یہ ان دنوں کی بات ہے جب میں پبلشنگ انڈسٹری سے منسلک ہوا۔ یہ ۱۹۸۹-۹۰ کا زمانہ تھا۔ انگریزی اور دیگر ہندوستانی زبانوں کے پبلشرز سے آشنائی ہوئی تو اندازہ ہوا کہ اردو زبان کے ناشرین اب بھی ایک سو برس پیچھے ہیں۔ یہاں فکری مواد تو ہے لیکن فنی اور تکنیکی لحاظ سے بڑی پس ماندگی ہے۔ انگریزی اور دیگر زبانوں کے مقابلے میں اردو بک انڈسٹری کا تصور بھی مفقود ہے۔ کتابوں اور رسائل کی اشاعت میں مذہبی اور نیم ادبی موضوعات کی کثرت ہے۔ کتابوں کی اشاعت میں حقیقی عنصر کا شدید فقدان ہے۔ ایڈیٹنگ اور انڈکسنگ کے فن سے بھی اردو کے ناشرین نابلد ہیں۔ ISBN سے بھی بیشتر اردو پبلشرز ناواقف تھے۔ ان کو یہ بھی نہیں معلوم تھا کہ قانونی طور پر ہر نئی کتاب کا ایک نسخہ نیشنل لائبریری کلکتہ

کے ساتھ مہانگر کی دیگر تین سنٹرل لائبریریز (دہلی، ممبئی، چنئی) کا ارسال کرنا ناگزیر ہے۔ اسی طرح ملک کی یونیورسٹیز میں شعبہ اردو کی ناگفتہ بہ حالت کی وجہ سے اردو درس و تدریس کے علاوہ تحقیق کے فن کو بھی مجروح کیا جارہا تھا۔ یونیورسٹیز میں پامال موضوعات پر تحقیقی مقالے لکھوائے جارہے تھے۔ عام طور پر اردو کے قارئین بھی مسلسل گھٹتے جارہے تھے۔ اس طرح کے حالات میں اردو بک ریویو کا اجرا ہوا۔ یہ رسالہ دراصل اردو بک انڈسٹری کے ساتھ ہر طبقے کے اردو قارئین طلبا اور اساتذہ کے لئے خاص ہے۔ اس کے قارئین میں سائنس کے طلبا اور اساتذہ کے ساتھ سماج کے ہر طبقے کے باذوق لوگ بھی شامل ہیں۔ فی الحقیقت اس مجلے کا اجرا اردو زبان و ادب کو دستاویزی جواز فراہم کرانے کے لئے کیا گیا ہے۔ اس کے باوجود اردو کے اکثر پروفیسرز، شعر اور ادیب اس کے حقیقی نصب العین سے اب بھی ناواقف محسوس ہوتے ہیں۔ محمد عارف اقبال کی اردو بک ریویو اردو دنیا، سے بڑی امیدیں وابستہ تھیں۔ انہوں نے ان امیدوں کے بارے میں بتایا "امیدیں تو لامحدود ہیں۔ تاہم اردو کے زوال آمادہ دور میں اردو دنیا کے سنجیدہ قارئین کی طرف سے داد و تحسین ملتی رہی ہے۔ رسالہ خرید کر پڑھنے والوں کی تعداد اگرچہ زیادہ نہیں ہے لیکن ہمیں اطمینان ہے کہ اردو بک ریویو کے قارئین کا ذوق عام قارئین سے اعلیٰ ہے۔ مصدقہ خبر یہ بھی ہے کہ اردو بک، ریویو، جن لائبریریز میں ارسال کیا جاتا ہے وہاں ایک شمارہ سے ہزاروں طلبا و اسکالرز مستفید ہوتے ہیں۔"

اردو کا رسالہ نکالنا اور وہ بھی اس نوعیت کا گھاٹے کا سودا ہے۔ آج خودکشی کا رجحان عام ہے۔ کچھ لوگوں کا یہ بھی کہنا ہے کہ محمد عارف اقبال نے ادبی اور صحافتی خودکشی کی ہے۔ محمد عارف اقبال کا اس بارے میں کہنا ہے کہ اس بھاری پتھر کو ہم نے چوم کر چھوڑ دینے کے لئے نہیں اٹھایا ہے۔ خودکشی دراصل مایوسی (Frustration) کا نتیجہ ہوتی

ہے۔ الحمدللہ! اس کام کو ہم لوگوں نے شعوری طور پر اور کسی حد تک منصوبہ کے ساتھ شروع کیا تھا۔ ہم اپنے منصوبے میں چالیس فیصد یقینی طور پر کامیاب ہوئے ہیں۔ ساٹھ فیصد منصوبہ اب بھی ہماری فائل میں دبا ہوا ہے۔ جہاں تک گھاٹے کا سوال ہے تو یہ امر افسوس ناک ہے کہ گزشتہ چوبیس برسوں سے نکلنے والے اس رسالے کے پاس اپنا کوئی انفراسٹرکچر بھی نہیں ہے۔ خالق کائنات مسبب الاسباب ہے۔ للہذا وہی اسے چلا رہا ہے۔ میں اسے گھاٹے کا سودا اس لئے نہیں سمجھتا کہ یہ دستاویزی کام موجودہ اور آئندہ نسل کے لئے تاریخی اہمیت کا حامل ہے۔ اردو دنیا کی علمی و ادبی ضرورتوں کو پورا کرنے والا یہ واحد اور منفرد رسالہ ہے۔ مجھے اطمینان ہے کہ میں کوئی عبث کام نہیں کر رہا ہوں، جس طرح عام طور پر اردو کے ادبی و نیم ادبی رسائل نکلتے ہیں۔"

محمد عارف اقبال نے ایک سوال کا جواب دیتے ہوئے کہا: "میرے نزدیک اردو بک ریویو کا ہر شمارہ خصوصی شمارے کی حیثیت رکھتا ہے۔ تاہم یہ خیال آیا بھی کہ کسی خاص موضوع پر خصوصی شمارہ شائع کیا جائے تو ہمت نہیں ہوئی۔ کیونکہ میرے منصوبے میں یہ بات داخل ہی نہیں ہے کہ ادھر ادھر سے مضامین کو اکٹھا کر کے خصوصی شمارہ بنا دیا جائے۔ اردو دنیا میں خصوصی شمارے کا اعزاز صرف نقوش لاہور کو حاصل رہا ہے۔ اس کے بعد یہ اعزاز پھر کسی کے حصے میں نہیں آیا۔

اگر اردو بک ریویو کے خصوصی شمارہ کی بات کریں تو میرے نزدیک گزشتہ چوبیس برسوں میں ایک شمارہ بلاشبہ خصوصی طور پر شائع ہوا، جس کا موضوع ابن صفی کی ادبی خدمات ہے۔ کتابی صورت میں ابن صفی، مشن اور ادبی کارنامہ (تقریباً ۱۱۰۰ صفحات) کے نام سے ۲۰۱۳ء میں ادارہ اردو بک ریویو کے زیر اہتمام شائع ہوا تھا۔ ہندوستان میں اپنے موضوع پر اسے پہلی تحقیقی و تنقیدی کتاب ہونے کا اعزاز حاصل ہے۔ محمد عارف

اقبال کے بقول ہمارا باضابطہ کوئی پبلشنگ ہاؤس اس معنی میں نہیں ہے کہ ہم سینکڑوں کتابیں شائع کر کے باضابطہ کتابوں کی تجارت کرتے ہیں۔ ہم نے ایک ادارہ Applied Books کے نام سے قائم کر رکھا ہے جس کے زیر اہتمام مختلف مصنفوں کی کتابیں ISBN کے ساتھ شائع کی جاتی ہیں۔ دراصل کسی حد تک یہی ذریعہ آمدنی ہے جس سے اردو بک ریویو کے ساتھ ہمارا گھر بھی فیض یاب ہوتا ہے۔ تاہم کام کم ہونے کی صورت میں بعض اوقات شدید تنگی کے مرحلے سے بھی گزرنا پڑتا ہے۔ ہم گزشتہ دس برسوں سے اردو قارئین بالخصوص اردو بک ریویو کے قارئین کے لئے مختلف ناشروں کی کتابوں کی ترسیل کا کام بھی کر رہے ہیں تاکہ ہمارے باذوق قارئین جو کسی بھی تعلق رکھتے ہیں۔ اپنے ذوق کی کتاب حاصل کرنے سے محروم نہ رہیں۔"

محمد عارف اقبال کا اردو بک ریویو میں شائع ہونے والے اداریے، تبصرے، موضوعات فہرست، تحقیقی مقالات، کتاب زندگی اور وفیات وغیرہ کے موضوعات پر کتابیں مرتب کرنے کا خیال ضرور ہے لیکن مصروفیات کے سبب ان کی اس طرح کے کام میں ہاتھ ڈالنے کی ہمت نہیں ہوتی۔ تاہم انہوں نے اداریے کے حوالے سے ڈاکٹر غضنفر اقبال (گلبرکہ) کی ایک کتاب اکتوبر ۲۰۰۶ میں اردو بک ریویو کے اداریے اور تجزیے کے عنوان سے شائع کی ہے۔ یہ کتاب درحقیقت غضنفر اقبال صاحب کے اس مقالہ پر مبنی ہے جس پر انہیں حیدرآباد یونیورسٹی سے اردو میں صحافت کا ڈپلومہ عطا کیا گیا۔ اس میں انہوں نے دسمبر ۲۰۰۵ تک کے ۲۹ اداریوں کا انتخاب شامل کرتے ہوئے ان کے تجزیے کئے ہیں۔ ان دنوں اردو کے اخباروں میں الیکٹرانک میڈیا میں استعمال ہونے والے غلط سلط الفاظ کا چلن بڑھ رہا ہے اس کے علاوہ کئی غلط اصطلاحات اور مثل کا استعمال بھی ہو رہا ہے۔ مثلاً لوطی لفظ بھی عام ہے اور اسے اغلام بازی کے شوقین فعل اور مفعول

کے لئے استعمال کیا جارہا ہے۔ کیا یہ صحیح ہے؟ اور اس طرح کے کتنے غلط الفاظ ہیں جن کا غلط استعمال ہورہا ہے۔ انہوں نے جواب دیا" یہ ہماری کم نصیبی ہے کہ اردو میڈیا میں ہی نہیں علمائے ادب بھی بعض غلط اصطلاحات و محاورات کا بڑی بے باکی سے استعمال کررہے ہیں۔ اہل علم غور و فکر ہی نہیں کرتے کہ ان کی غلطیاں جو غلط العام ہونے لگی ہیں کہیں ظلم و استحصال کے دائرے میں تو نہیں آتیں۔ افسوس ناک پہلو یہ بھی ہے کہ اردو لغات میں بھی ان کا استعمال ہوا ہے جو طلبائے ادب کے ئے نہ کا درجہ رکھتے ہیں۔ ایسا لگتا ہے کہ ادب میں تحقیق کا دروازہ بند ہو گیا ہے۔ تاہم تحقیق کے نام پر جو کچھ بھی ہو رہا ہے، اسے مکھی پر مکھی مارنا ہی کہہ سکتے ہیں۔ ہمارے ماہرین لسانیات املا کی بحث میں تو دور کی کوڑی لاتے ہیں، لیکن وہ الفاظ جو غلط مفہوم میں استعمال ہو رہے ہیں، ان کی اصلاح پر توجہ مبذول نہیں کرتے۔ مثلاً آپ نے ایک لفظ لوطی کا مسئلہ اٹھایا ہے۔ لغت میں لوطی اور لواطت دونوں الفاظ ملتے ہیں۔ جنہیں اغلام بازی (Homeo Sexuality) کے مفہوم میں استعمال کیا جارہا ہے۔ اس غلطی سے علمائے دین بھی نہیں بچ پائے ہیں۔ حتی کہ پروفیسر عبدالحق (سابق صدر شعبہ اردو، دہلی یونیورسٹی) کے عصری لغت (تازہ ایڈیشن ۲۰۱۴) میں بھی اس طرح کی غلطیاں موجود ہیں۔"

انہوں نے کہا" قرآن مجید میں ایک جلیل القدر پیغمبر حضرت لوط کا کئی مقامات پر ذکر ہے۔ ان کی قوم بد فعلی کی مرتکب ہوئی تھی جس کی پاداش میں اللہ نے اسے شدید عذاب میں مبتلا کر دیا۔ افسوس کا مقام ہے کہ ہمارے علمائے ادب ہی نہیں بلکہ علمائے دین نے بھی حضرت لوط کی قوم کے اس غلیظ فعل کو اللہ کے اس پیغمبر کے نام کا حصہ بنا دیا۔ جنہوں نے اپنی قوم کو اس گندے کام سے روکنے کی ہر ممکن کوشش کی اور اپنی نافرمانی کے سبب وہ قوم عذاب کی مستحق ہوئی۔ اردو لغت میں لواطت اور لوطی کا مفہوم دیکھ کر

آپ سر پیٹ لیں گے۔ اس سے بہتر تو انگریزی لفظ "Sodomy(اغلام بازی لڑکے کے ساتھ میں مجامعت) ہے جس کی نسبت فلسطین کے ایک شہر سدوم کی طرف ہے۔ بائبل کے مطابق اس شہر کے لوگوں کی بد اعمالی کے باعث اسے تباہ کر دیا گیا۔ جب کہ اردو میں لواطت کو اسی مفہوم میں استعمال کیا جاتا ہے جو اللہ کے پیغمبر کی شان میں بڑی گستاخی ہے۔ ہم لوطی بولتے وقت بھی کبھی غور نہیں کرتے کہ جس طرح گاندھیائی کو گاندھی جی کا پیرو اور مارکس وادی کو مارکس کا پیرو کہا جاتا ہے۔ اسی طرح لوطی تو حضرت لوط کا پیرو(Follower) ہوا۔ اسے نعوذ باللہ مغلم یا اغلام باز کے معنی میں استعمال کرتے ہوئے ہمیں ذرا بھی تردد محسوس نہیں ہوتا اور ہمارے اندر غیرت ایمانی نہیں جاگتی۔ حالانکہ ہم خاتم الانبیاء(ﷺ) کی نسبت سے خود کو محمدی بھی کہتے ہیں۔"

محمد عارف اقبال کے مطابق اسی طرح اردو میں ایک لفظ تاناشاہ بے دریغ استعمال ہو رہا ہے۔ اس کا عام طور پر مفہوم ہوتا ہے "ہٹلر" یا ظالم و جابر حکمراں۔ اسی معنی میں استعمال بھی کیا جاتا ہے۔ جب کہ تاناشاہ دکن کا ایک مظلوم بادشاہ تھا جس کا اصل نام ابوالحسن قطب شاہ تھا۔ اسے اپنے اسلام کی طرح تعمیر عمارت کا شوق تھا۔ اس نے مکہ مسجد (حیدرآباد) کی تعمیر جاریہ کی تکمیل پر آٹھ لاکھ روپے صرف کیا۔ نظامی بدایونی نے قاموس المشاہیر میں لکھا ہے کہ وہ دکن زبان کا شاعر تھا۔ تاناشاہ اس کا تخلص تھا۔ اسی پر قطب شاہی خاندان کا اختتام ہو گیا۔ مغل بادشاہ اورنگ زیب نے گولکنڈہ کو سات ماہ کے محاصرے کے بعد ۱۲ ستمبر ۱۶۸۷ کو مسخر کیا اور ابوالحسن قطب شاہ یعنی تاناشاہ کو قید کر کے دولت آباد (موجودہ اورنگ آباد، مہاراشٹر) کے قلعے میں عمر بھر کے لئے نظر بند کر دیا۔ اس کے بعد گولکنڈہ مغل دور میں ہندوستان کا ایک صوبہ قرار پایا۔ تاناشاہ کا مقبرہ گولکنڈہ میں ہے۔ مجھے یاد ہے کہ محترمہ قرۃ العین حیدر نے بھی اپنے ایک مراسلہ کے

ذریعے غالباً روزنامہ قومی آواز دہلی میں لفظ تاناشاہ کے منفی استعمال پر گرفت کی تھی۔ اسی طرح اردو میں درجنوں الفاظ ہیں جو بظاہر اغلام العام ہیں لیکن ادب کے طلبا کے لئے محتاج اصطلاح ہیں۔ ایک لفظ روح وروان کا بھی عرصے سے غلط استعمال روح رواں کے طور پر ہو رہا ہے۔ قرۃ العین حیدر نے اس غلطی کی بھی ایک بار نشاندہی کی تھی۔ ادب کے اکثر طلبا و اساتذہ اب بھی دادو تحسین کو دادِ تحسین لکھ رہے ہیں۔"

محمد عارف اقبال اردو بک ریویو کے سلسلے میں مستقبل کے منصوبے پر روشنی ڈالتے ہیں۔ "اردو بک ریویو کے سلسلے میں مستقبل کا منصوبہ ہماری فائل میں موجود ہے۔ جب تک ادارہ مالی اعتبار سے خوف کفیل نہیں ہو گا کسی بھی منصوبے میں رنگ آمیزی کیسے کی جاسکتی ہے؟ " انہوں نے بتایا "اردو بک ریویو اس وقت ملک کے تقریباً تمام صوبوں میں جاتا ہے۔ آسام، کیرلہ، تمل ناڈو، آندھرا پردیش، گوا اور انڈومان ونکوبار میں بھی اس کے قارئین موجود ہیں۔ زیادہ قارئین مہاراشٹر، اور بہار میں ہیں۔ تاہم کرناٹک کے قارئین میں بھی اضافہ ہو رہا ہے۔ مغربی بنگال، تلنگانہ، بالخصوص حیدرآباد، اتر پردیش، جھارکھنڈ، دہلی، راجستھان، مدھیہ پردیش وغیرہ ریاستوں میں قارئین کی تعداد اوسطاً ہے۔ ہندوستان سے باہر پاکستان، خلیجی ممالک، یوکے امریکہ وغیرہ میں منتخب قارئین موجود ہیں۔ امریکہ کی MIT لائبریری (میساچوسٹس کیمبرج) بھی خریدار ہے۔"

Urdu publishers are unaware of Editing and Indexing art, Arif Iqbal

***

۱۲

اُردو جرنلزم اور روزگار کے مواقع

پروفیسر مصطفیٰ علی سروری

غیر جانبدار مورخین اور دانشور حضرات اس بات سے اتفاق کرتے ہیں اور یہ ایک حقیقت بھی ہے کہ جد جہد آزادی کی تحریک میں اردو صحافت نے ہراول دستے کا رول نبھایا ہے۔ لیکن ہندوستان کی تاریخ کا سب سے بڑا المیہ یہ رہا جب ملک کی تاریخ مرتب کی گئی اور نصاب میں جدوجہد آزادی کا باب شامل کیا گیا تو اس میں اردو صحافت کی خدمات کے باب کو بری طرح نظر انداز کر دیا گیا۔ اردو زبان کے ساتھ سب سے بڑی سیاست یہ بھی کھیلی گئی کہ پاکستان نے جب اردو کو اپنے ملک کی سرکاری زبان قرار دیا تو ہندوستان میں اردو زبان کو اس طرح سرکاری سرپرستی سے محروم کر دیا گیا جیسے یہ کوئی دشمن ملک کی پرائی شئے ہو۔ یہاں تک کہ ہندوستان میں ایک علاقائی زبان میں اعلیٰ تعلیم فراہم کرنے کا کامیاب تجربہ کرنے والی جامعہ عثمانیہ سے اردو ذریعہ تعلیم کو یکلخت برخواست کر دیا گیا۔

اردو زبان کے ساتھ کئے جانے والے اسی برتاؤ کے سبب آزادی کے بعد ہوش سنبھالنے والی کوئی بھی نسل اردو زبان اور اردو صحافت کے اس تاریخی رول سے بالکل ہی ناواقف ہے جو کہ ملک کو آزادی دلانے کے لئے اردو صحافیوں اور اردو جرنلزم نے ادا کیا

تھا۔ یہ ایک تاریخی حقیقت ہے کہ ملک کی آزادی کے لئے اگر کسی صحافی نے سب سے پہلے جام شہادت نوش کیا تھا تو وہ انگریزی یا ہندی کا نہیں بلکہ اردو اخبار کے ایڈیٹر تھے۔ جن کا نام مولوی محمد باقر تھا۔ جنہوں نے بہ حیثیت مدیر دہلی اردو اخبار کے ذریعے جدوجہد آزادی کی تحریک کو فروغ دیا۔ اور انگریزوں کے مظالم کا شکار ہو کر اپنی جان آفرین پیش کی۔ اور اردو کے پہلے شہید صحافی کہلائے۔ تاریخ سے لاعلمی کا یہ نتیجہ ہے کہ آج ہم اردو اخبار کے مقابلے اس بات میں فخر محسوس کرتے ہیں کہ اپنے ہاتھوں میں انگریزی کا کوئی اخبار ہو۔ اور ہم اپنے ذہنوں کو بھی انگریزی یا کسی اور زبان کے اخبار کی خبروں کے اعتبار سے تیار کرتے ہیں۔ اور اردو اخبار اور اردو صحافت کو اتنی اہمیت نہیں دیتے جیسا کہ اس کا مقام ہے۔

اس صورتحال اور پس منظر کے باجود اکیسویں صدی کے موجودہ دور میں اردو صحافت اردو میڈیم طلبا کے لئے بے شمار مواقع رکھتی ہے۔ قبل اس کے کہ میں اردو صحافت کے مواقع پر مزید روشنی ڈالوں یہ ضروری سمجھتا ہوں کہ اردو صحافت کی موجودہ صورتحال کے متعلق مختصراً بیان کر دوں۔ آج ہمارے ملک ہندوستان میں نامساعد حالات اور ناموافق پالیسیوں کے باوجود اردو صحافت انگریزی اور ہندی کے بعد تیسرے نمبر پر ہے۔ اردو صحافت میں روزنامے' ہفت روزہ' پندرہ روزہ ماہنامے وغیرہ شامل ہیں۔ صرف پرنٹ (ورقی صحافت) کے زمرے میں ہی نہیں بلکہ جب ہم الیکٹرانک میڈیا (برقی صحافت) کے میدان کا تجزیہ کرتے ہیں تو وہاں پر بھی اردو دیگر کسی بھی ہندوستانی زبان سے پیچھے نہیں۔ خاص کر اکیسویں صدی میں انٹرنیٹ کے پھیلاؤ نے اردو کے دامن کو بھی وسیع کر دیا۔ آج گوگل سرچ انجن میں اردو ٹائپ کر کے ہم تلاش کریں تو ہمیں اردو زبان میں خبریں ہی نہیں دیگر موضوعات جیسے کھیل کود' تفریح' تاریخ' نصابی و غیر نصابی

بے شمار موضوعات پر معلوماتی مواد ملے گا۔ دنیا کے تقریباً ۲۰ ممالک جیسے امریکہ 'برطانیہ 'جاپان 'جرمنی' کویت' ہندوستان و پاکستان و دیگر ممالک سے اردو میں ریڈیو نشریات پیش ہورہی ہیں۔ ریڈیو ڈوئچے ویلے کولون 'بی بی سی لندن وغیرہ چند نام ہیں۔ ہندوستان میں ٹیلی ویژن کے زمرے میں دوردرشن کے اردو چیانل سے لے کر ای ٹی وی اردو اور مقامی سطح پر دکھائے جانے والے اردو کے بے شمار کیب چینل اس بات کا ثبوت ہیں کہ اردو زبان جاننے والوں کے لئے موجودہ اکیسویں صدی میں مواقع محدود نہیں بلکہ بڑھے ہوئے ہیں۔

اردو میڈیا کا طویل عرصے سے مطالبہ بھی تھا بدلتے ہوئے حالات کے تقاضے بھی تھے جس کے مد نظر مولانا آزاد نیشنل اردو یونیورسٹی نے اپنے قیام کے اندرون ۶ سال اردو میڈیا کی ایک اہم ضرورت "تربیت یافتہ" افرادی قوت کی فراہمی کا بیڑہ اٹھایا۔ اور یوں سال ۲۰۰۴ء میں ماسٹرس ان کمیونیکیشن اینڈ جرنلزم (ایم سی جے) کورس کا شعبہ ترسیل عامہ و ذرائع ابلاغ کے تحت آغاز عمل میں لایا گیا۔ ابتداء سے ہی جرنلزم کے اس پوسٹ گرائیجویٹ کورس کی ملک بھر میں مانگ رہی۔ اور اس کورس کی کامیابی کا ایک سب سے بڑا اور اہم ثبوت یہ ہے کہ شعبہ جرنلزم سے فارغ التحصیل تمام بیچس کے طلباء کسی نہ کسی میڈیا گھرانے اور ذرائع ابلاغ کے مختلف اداروں میں برسرکار ہیں۔

یہی نہیں آل انڈیا ریڈیو کے یواوانی اردو سیکشن سے لیکر دوردرشن کے اردو پروگراموں اور نیوز سیکشن کا معاملہ ہو کہ ای ٹی وی اردو یا مقامی کیبل چینلس کے ذمہ دار ہر دو تین ماہ مولانا آزاد نیشنل اردو یونیورسٹی کے شعبہ ترسیل عامہ و صحافت (ماس میڈیا اینڈ جرنلزم) سے رجوع ہوتے ہیں۔ اور مطالبہ کرتے ہیں کہ اس ادارے سے کامیاب طلباء کے لئے ہمارے اداروں میں روزگار کے مواقع ہیں۔ براہ کرم انہیں ہمارے

ادارے میں کام کے لئے روانہ کریں۔ مولانا آزاد نیشنل اردو یونیورسٹی کے شعبہ ترسیل عامہ میں داخلہ لینے والے طلبا کے ہجوم کا یہ عالم ہے کہ شعبہ میں جرنلزم کے کورس میں صرف ۳۱ نشستیں ہیں۔ اور داخلے کے خواہش مند طلبا کی تعداد اس سے کہیں زیادہ رہتی ہے۔ ان خواہش مند امیدواروں کا تعلق صرف ریاست آندھرا پردیش سے ہی نہیں ہوتا بلکہ ملک کے بیشتر علاقوں جیسے جموں و کشمیر' بہار' یوپی' کرناٹک اور کیرالا کے طلباء بھی جرنلزم کورس میں داخلے کے لئے آرہے ہیں۔

ایم سی جے کے دوسالہ کورس کا ڈھانچہ چار سمسٹر پر مشتمل ہے۔ جس کی کل فیس تقریباً ۱۲ ہزار روپے مقرر ہے۔ لیکن طلبا کو اس کورس کے دوران سب سے بڑی سہولت یہ حاصل ہوتی ہے کہ کورس کی فیس ان پر بوجھ نہیں بنتی۔ اور یونیورسٹی کی جانب سے حاضری کی بنیاد پر ہر طالب علم کو ماہانہ ایک ہزار روپے اسکالرشپ دیتی ہے۔ یوں تعطیلات کو چھوڑ کر دوسال کے دوران فی طالب علم ۲۰ ہزار روپے اسکالرشپ کے طور پر مل جاتے ہیں۔ گذشتہ تین برسوں کے دوران ای ٹی وی اردو نے ایم سی جے کے طلباء کے لئے آن کیمپس ریکروٹمنٹ منعقد کیا۔ جو کہ اس بات کا ثبوت ہے کہ ایم سی جے کورس کی مارکیٹ میں زبردست مانگ ہے۔

صرف ٹیلی ویژن ہی نہیں ریڈیو' اخبارات' رسائل و جرائد انڈین انفارمیشن سروس' پبلک ریلیشن آفیسر' غیر سرکاری تنظیموں' این جی اوز کے علاوہ اشتہارات کے شعبے میں بھی ایم سی جے کامیاب طلبا کے لئے روزگار کے مواقع دستیاب ہیں۔ ابھی سال ۲۰۱۲ء میں کل ہند سطح کے اہلیتی امتحان برائے انڈین انفارمیشن سروس میں مولانا آزاد نیشنل اردو یونیورسٹی سے جرنلزم کا کورس مکمل کرنے والے دو طلباء کا انتخاب عمل میں آیا۔ ایسے ہی شعبہ جرنلزم سے فارغ ایک طالب علم کو جموں و کشمیر کے ضلع کارگل میں

ریاستی حکومت کے لئے بہ حیثیت انفارمیشن آفیسر کام کرنے کا موقع ملا۔ اردو میڈیم سے جرنلزم کورس کی کامیابی کا اندازہ اس بات سے لگایا جا سکتا ہے کہ مولانا آزاد نیشنل اردو یونیورسٹی کے شعبہ ترسیل عامہ و صحافت میں داخلے کے لئے ہر سال طلباء کا ہجوم بڑھتا ہی جارہا ہے۔ کورس میں داخلہ بذریعے اہلیتی امتحان ہوتا ہے۔ ملک بھر میں دہلی' سری نگر' پٹنہ کے علاوہ حیدرآباد میں واقع مراکز پر یہ امتحان ہوتا ہے۔ جرنلزم کورس میں ترسیل کا تعارف' حالات حاضرہ' رپورٹنگ و ایڈیٹنگ' ترسیلی نظریات' میڈیا کی تاریخ' ضابطہ اخلاق' کمیونیکیشن' انگریزی اردو میڈیا' صحافتی تراجم' اشتہارات' تعارف اور نظریات' ٹیلی ویژن نیوز پروڈکشن' ٹیلی ویژن ایڈیٹنگ' ریڈیو رپورٹنگ' ٹیلی ویژن رپورٹنگ' تعلقات عامہ' تعریف و نظریات جیسے مضامین پڑھائے جاتے ہیں۔

اردو یونیورسٹی سے جرنلزم کا کورس کرنے والے طلباء کو دوران تعلیم میڈیا گھرانوں میں عملی تربیت کے لئے انٹرن شپ کے لئے بھیجا جاتا ہے۔ جس کی بدولت طلبا کو زمانہ طالب علمی میں ہی صحافتی اداروں کے اندازکار سے واقفیت حاصل ہو جاتی ہے۔ اس کے لئے ہر مہینے کم از کم چار اکسٹرنل ایکسپرٹ کو جو کہ میڈیا کے مختلف شعبوں میں برسرکار رہتے ہیں طلبا سے تبادلہ خیال کے لئے مدعو کیا جاتا ہے۔ جس سے طلبا کو نظریاتی تعلیم کے علاوہ صحافتی شعبے کے عملی چیالنجس سمجھنے میں مدد ملتی ہے۔ کورس کے دوران طلبا کو پرنٹ میڈیا کی رپورٹنگ کرنے کا موقع فراہم کیا جاتا ہے۔ تجرباتی اخبار (Lab Journal) "اظہار" پر کام کرنے کا موقع دیا جاتا ہے۔ الیکٹرانک میڈیا میں تربیت کے لئے ریڈیو پروگرام بنانے اور ٹیلی ویژن پروگراموں کی تیاری کے لئے عملی تربیت کی خاطر ڈاکیو منٹری کی تیاری کا کام کروایا جاتا ہے۔

مولانا آزاد نیشنل اردو یونیورسٹی میں شعبہ ترسیل عامہ و صحافت انٹرنیشنل میڈیا سنٹر

سے جڑا ہوا ہے۔ جس میں ایک عصری اسٹوڈیو' ملٹی کیمرہ سیٹ اپ سے لے کر آن لائین ایڈیٹنگ جیسی سہولتیں میسر ہیں۔ جس سے طلبا کو کورس کے دوران میں عملی میدان کو سمجھنے اور مشق کرنے کی سہولت ملتی ہے۔

اردو یونیورسٹی سے جرنلزم کا کورس مکمل کرنے کے بعد یہ ضروری نہیں کہ طالب علم صرف اردو میڈیا کا ہی رخ کرے۔ ایسی کئی مثالیں ہمارے سامنے ہیں جہاں طلبا نے اردو کے علاوہ دیگر زبانوں کے اخبارات 'ٹیلی ویژن چیانلس 'نیوز ویب سائٹس میں کام کرنا شروع کیا۔ کیونکہ آج قومی میڈیا کو بھی اس بات کا احساس ہو گیا کہ مسلمان اس ملک میں مسائل سے دوچار ہیں۔ اور ترقی کے سفر میں شامل ہونا چاہتے ہیں۔ جسٹس سچر نے اپنی تحقیقی تجزیاتی رپورٹ میں واضح کر دیا کہ ہندوستان کی بہ حیثیت مجموعی ترقی کے لئے ضروری ہے کہ مسلمان بھی ترقی کے اس سفر میں شامل رہیں۔

میڈیا کو احساس ہو چلا ہے کہ مسلمانوں کے مسائل کو بھی مناسب اہمیت دی جانی چاہئے۔ اس مسلمانوں کے مسائل کی بہتر ترجمانی ایک مسلم کمیونیٹی کا فرد ہی کر سکتا ہے۔ اور آج ہم دیکھتے ہیں کہ سبھی میڈیا گھرانوں 'اخبارات 'ٹی وی چیانلس اور ویب پورٹلس پر بھی ہمیں مسلم نام دکھائی دینے لگے ہیں۔ جس اس بات کا ثبوت ہے کہ میڈیا میں اردو والوں اور مسلمانوں کے لئے جگہ ہے۔ چونکہ ملک کی دوسری بڑی اکثریت یعنی مسلمانوں کی مادری زبان اردو ہے اور جو اس زبان سے واقف ہو گا وہی اس قوم کی صحیح ترجمانی کرے گا۔ اس پس منظر میں اردو یونیورسٹی کا جرنلزم کورس اردو طلبا کے لئے ایک نعمت سے کم نہیں۔ امید ہیکہ شہر نظام آباد اور دوسرے علاقوں کے لوگ عصر حاضر کے چیلنجس سے نمٹنے اور اپنے لئے ایک بہتر مستقبل کی تعمیر میں اردو اور صحافت کے ان مواقع سے ضرور استفادہ کریں گے۔ اس کے لئے ضروری ہے کہ طلباء اخبارات کا مطالعہ

کریں۔یونیورسٹیوں کے ویب سائٹ دیکھتے رہیں۔اور درکار سہولتوں سے استفادہ کریں۔

Urdu Journalism and Job Opportunities. Essay: Prof. Mustafa Ali Sarwari

***

۱۴

جنوبی ہند کی قدیم صحافت

ڈاکٹر محمد افضل الدین اقبال

ڈاکٹر محمد افضل الدین اقبال اپنی کتاب "جنوبی ہند کی اردو صحافت (۱۸۵۷ سے پیشتر)"، جس کا پہلا ایڈیشن ۱۹۸۱ میں 'معین پبلی کیشنز (مقام مسعود، جام باغ روڈ، حیدرآباد دکن)' کے زیر اہتمام شائع ہوا تھا، کے دیباچہ میں لکھتے ہیں:

زیر نظر کتاب "جنوبی ہند کی اردو صحافت (۱۸۵۷ سے پیشتر)" میری ایک علمی تحقیقی کاوش ہے جسے میں بڑے عجز و انکسار کے ساتھ آپ کی خدمت میں پیش کر رہا ہوں۔ نہ اپنی تحقیق کے بارے میں جامعیت کا دعویٰ ہے اور نہ ہو سکتا ہے۔ لیکن اتنا ضرور کہوں گا کہ اردو زبان میں پہلی مرتبہ جنوبی ہند کی قدیم صحافت پر سیر حاصل روشنی ڈالنے کی کوشش کی گئی ہے۔

اردو اخبارات کی ابتدائی تاریخ ابھی تاریکی میں ہے۔ اگرچہ مولانا امداد صابری کی "تاریخ صحافت اردو"، جناب عتیق صدیقی کی "ہندوستانی اخبار نویسی" اور ڈاکٹر عبد السلام خورشید کی "صحافت پاکستان و ہند میں" جیسی اہم کتابیں منظر عام پر آچکی ہیں لیکن ان کتابوں میں جنوبی ہند کی اردو صحافت پر بہت کم لکھا گیا ہے۔ اسی لیے مجھے خیال ہوا کہ جنوبی ہند کی قدیم صحافت پر اپنی تحقیقات کو علمی دنیا کے سامنے پیش کروں تاکہ صحافت

کی قدیم تاریخ کا کوئی گوشہ تشنہ نہ رہے۔

ہندوستان میں اخباروں کا رواج ایسٹ انڈیا کمپنی کی حکومت کے ابتدائی زمانے سے ہوا۔ ممتاز مورخ ڈاکٹر تاراچند لکھتے ہیں:

" کمپنی کی حکومت کے ابتدائی زمانے میں سب سے پہلے انگریزی اخبار جاری ہوئے جن کے مالک انگریز تھے۔"

ہندوستان کے سب سے پہلے انگریزی اخبار کے متعلق علامہ عبداللہ یوسف علی نے لکھا ہے کہ ہندوستان میں سب سے پہلے جس انگریز نے اخبار جاری کیا وہ جیمس آگسٹس ہکی(JAMES AUGUSTUSHUCKY) تھا اس نے ۲۹ جنوری ۱۷۸۰ء میں "ہکیز بنگال گزٹ(HICKY'S BENGAL GAZETTE) جاری کیا تھا۔

ہندوستان کے اس اولین اخبار کے متعلق ڈاکٹر عبدالسلام خورشید لکھتے ہیں کہ یہ اخبار ۸x۱۲ انچ سائز کے چار صفحات پر مشتمل ہوتا تھا اس میں زیادہ تر اشتہار ہوتے تھے۔ مضامین زیادہ تر ایسے ہوتے تھے جن میں کمپنی کے ارباب بست وکشاد کے خلاف زہریلے اشارات کیے جاتے تھے۔ لکھنے کا یہ طریقہ تھا کہ خیالی ڈرامے میں مضحکہ خیز کردار مخالفتوں کو دیئے جاتے تھے ان کے اصل نام تو درج نہیں ہوسکتے تھے لیکن فرضی نام اس طرح رکھے جاتے تھے کہ قارئین صاف پہچان جاتے کہ کس کی طرف اشارہ ہے اس نے کمپنی کے عام ملازمین سے لے کر گورنر جنرل وارن ہسٹنگز تک کو اپنے تیر ونشتر کا نشانہ بنایا اور ان کی نجی زندگی کے تاریک پہلو بے نقاب کیے یہاں تک کہ مسز ہسٹنگز کے خلاف بھی فحش اشارے کئے۔

ہیکز بنگال گزٹ کی ایک فائل کلکتہ کی نیشنل لائبریری میں اور دوسری لندن کے انڈیا آفس لائبریری میں موجود ہے۔

ہندوستان کے دوسرے اخبار کے متعلق عتیق صدیقی نے لکھا ہے کہ "ہکیز گزٹ" کے اجراء کے نو مہینوں کے بعد نومبر ۱۷۸۰ء میں انڈیا گزٹ کا کلکتہ سے اجراء ہوا جو ہندوستان کا دوسرا انگریزی ہفتہ وار تھا۔ ڈاکٹر عبد السلام خوشید کا بیان ہے کہ انڈیا گزٹ کے مالک دو تاجر تھے ایک کا نام بی مسینک (B.MESSINK) تھا اور دوسرے کا پیٹر ریڈ (PETER REED) ان دونوں نے گورنر جنرل کی اجازت سے اخبار نکالا اور حکومت کو یقین دلایا کہ وہ سرکار دولت مدار کی مرضی کے مطابق چلیں گے۔ یہ اخبار بڑے سائز کے چار صفحات پر مشتمل ہوتا تھا ہر صفحے پر تین کالم ہوتے تھے کاغذ اور چھپائی اعلیٰ ہوتی تھی۔ اس کا ایک فائل پنجاب یونیورسٹی لائبریری میں محفوظ ہے۔ انڈیا گزٹ اکثر ہکی کے خلاف لکھا کرتا تھا۔ انڈیا گزٹ کی نمایاں خصوصیت یہ تھی کہ اس میں اخبار دربار معلی کے حوالے سے دہلی کے مغل دربار کی تمام خبریں چھپا کرتی تھیں۔

ہکیز گزٹ اور انڈیا گزٹ کے اجراء کے بعد انگریزی اخبارات کے اجراء کی راہ ہموار ہو گی چنانچہ کلکتہ ہی سے ۴ر مارچ ۱۷۸۴ء کو ہندوستانک ے تیسرے انگریزی ہفت روزہ اخبار "کلکتہ گزٹ کا اجراء ہوا۔ ڈاکٹر عبد السلام خورشید کا بیان ہے کہ اس اخبار کی ادارت کے فرائض فرانس گلیڈون کے سپرد ہوئے جو اس زمانے کا مشہور اور ممتاز ادیب اور مترجم تھے اس نے فارسی کی بے شمار کتابیں انگریزی یں منتقل کی تھیں۔

شمالی ہند میں انگریزی صحافت کی ابتداء

شمالی ہند کا پہلا انگریزی چھاپہ خانہ ۱۸۲۲ء میں کانپور میں قائم ہوا۔ اس چھاپے خانے کے بانی سیم ویل گرین وے تھے اور اسی چھاپے خانے سے شمالی ہند کا پہلا انگریزی اخبار کانپور ایڈورٹائزر کے نام سے شائع ہوا۔

۱۸۳۰ء میں کانپور کے اس چھاپے خانے کی ایک شاخ میرٹھ میں قائم کی گئی۔

انگریزی چھاؤنی ہونے کی وجہ سے ان دونوں شہر میرٹھ شمالی ہند میں انگریزوں کا بڑا مرکز بن گیا تھا۔ ۱۸۳۱ء میں میرٹھ آب زر در کا اجرا ہوا، ۱۸۳۵ء میں ماہوار "میرٹھ یونیورسل میگزین" جاری ہوا۔ یہ شمالی ہند کا پہلا انگریزی رسالہ تھا لیکن زیادہ دنوں تک چل نہ سکا۔

ڈاکٹر ہنڈرسن نے نومبر ۱۸۳۲ء میں آگرہ اخبار جاری کیا جو عرصہ تک جاری رہا اور اس کا شمار ہندوستان کے بہترین انگریزی اخباروں میں ہونے لگا تھا۔ ۱۸۳۳ء میں دہلی کے پہلے اخبار کا دہلی گزٹ کے نام سے اجراء ہوا۔ یہ انگریزی زبان کا ہفتہ وار اخبار تھا۔ اس اخبار کا اپنا چھاپہ خانہ بھی تھا جو دہلی کا پہلا چھاپہ خانہ تھا۔ دہلی گزٹ کا آخری نمبر ۱۱ر مئی ۱۸۵۷ء کو شائع ہوا۔ دہلی گزٹ کے علاوہ اور بھی اخباروں کا دہلی سے اجرا ہوا۔

الہ آباد کا پہلا چھاپہ خانہ ۱۸۳۶ء میں قائم ہوا۔ اسی چھاپے خانے سے "سنٹرل فری پریس جرنل" کے نام سے ایک اخبار جاری ہوا جو الہ آباد کا پہلا اخبار تھا۔ غرض "ہندوستانی اخبار نویسی"" کے مصنف کا بیان ہے کہ ۱۸۳۶ء سے لے کر ۱۸۵۷ء میں عیسائی مبلغوں نے اپنی تبلیغی سرگرمیوں کا مرکز شمالی ہند کو بنالیا تھا۔ چنانچہ بنارس، مرزا پور، الہ آباد، آگرہ اور لدھیانہ میں انہوں نے اپنے چھاپے خانے قائم کئے اور ان میں سے بیشتر چھاپے خانوں سے انگریزی، فارسی اور اردو کے اخبار ورسائل نکالے۔

اس نوبت پر اس کا تذکرہ بے جانہ ہو گا کہ ۱۸۵۲ء میں "فرنگستان کے ماتحت ملکوں" میں جملہ دو ہزار نو سو چوالیس (۲۹۴۴) انگریزی اخبار جاری تھے اس کی تفصیل مدراس کے "اعظم الاخبار" میں درج ہے جس سے معلوم ہوتا ہے کہ "امریکہ میں ۱۴، اسپین میں ۲۴، پرتگال میں ۲، ہندوستان میں ۲۴، بلجیم میں ۶۵، روس و پولینڈ میں ۹۰، پیرس میں ۲۰۰ جرمن میں ۳۲، ایئرلینڈ میں ۵۰۰ اور جزیرہ امریکہ میں ۱۸۰۰ وغیرہ۔ جملہ دو ہزار نو سو چالیس پرچہار فقط انگریزی اخبار نامے جو آج کل مروج ہیں۔

(اعظم الاخبار، مورخہ یکم جولائی ۱۸۵۲ء)

جنوبی ہند میں صحافت کا آغاز

جنوبی ہند میں بھی صحافت کا آغاز ایسٹ انڈیا کمپنی کے عہد ہی میں انگریزی اخبارات سے ہوا۔ ہندوستان کے پہلے اخبار "ہکیز گزٹ" کلکتہ کے اجراء (۱۷۸۰ء) کے پورے پانچ سال بعد ۱۷۸۵ء میں جنوبی ہند میں صحافت کا مدراس سے آغاز ہوا۔

مدراس میں صحافت کی ابتداء

شہر مدراس کو یہ شرف حاصل ہے کہ اس کی سرزمین سے جنوبی ہند کا پہلا اخبار "مدراس کوریر" (MADRAS COURIER) کے نام سے ۱۲/اکتوبر ۱۷۸۵ء کو شائع ہوا۔ اس اخبار کے اڈیٹر اور مالک رچرڈ جان اسٹون (RICHARD JOHN STONE) تھے۔ عتیق صدیقی اس اخبار کے متعلق مزید لکھتے ہیں کہ یہ ہفتہ وار دوورقی اخبار تھا۔ ولایت سے جب اخبار آتے تو ایک ورق اور بڑھا دیا جاتا۔ پہلے دو صفحوں پر ولایتی اخباروں کا خلاصہ ہوتا تھا تیسرے صفحے پر ہندوستان کی خبریں اور نامہ نگاروں کی چھٹیاں درج کی جاتی تھیں اور چوتھا صفحہ نظم ادبی مضمون اور اشتہار کے لئے وقف ہوتا تھا اخبار کا سائز ۱۲x۲۰ انچ ہوتا تھا۔ یہ اگرچہ باضابطہ سرکاری اخبار نہ تھا مگر مدراس کی حکومت اس کی حمایت و سرپرستی ضرور کرتی تھی۔ چنانچہ کمپنی کا سرکاری نشان بھی اخبار کے سرورق کی زینت ہوا کرتا تھا۔ سرکاری اشتہارات جو اب تک سی گیٹ (SEA GATE) پر چسپاں کئے جاتے تھے وہ اب مدراس کوریر کے صفحات میں چھپنے لگے تھے۔ اخبار کی قیمت صرف ایک روپیہ ماہوار تھی جو اس دور کے کلکتے کے اخباروں کی قیمتوں کے مقابلے میں بہت کم تھی، حکومت نے از راہ امداد و سرپرستی مدراس پریسیڈنسی کے حدود میں اخبار کے لئے محصول ڈاک معاف کر دیا تھا۔ بمبئی کی حکومت بھی اس اخبار کی

خریدار تھی۔ تقریباً آٹھ سال تک مدراس کوریئر مدراس کے علاقے کا واحد اخبار رہا۔

۱۷۹۳ء میں ہیوج بائیڈ(HUSH BOYD) نے اپنا ایک ذاتی اخبار ہرکارد(HARKARD) کے نام سے نکالا یہ مدراس کا دوسرا ہفتہ وار اخبار تھا۔ لیکن ابھی ایک برس گزرا تھا کہ بائیڈ کا انتقال ہو گیا اور اس کے ساتھ ہی ہرکارد بھی بند ہو گیا۔

جنوری ۱۷۹۵ء میں مدراس گزٹ(MADRAS GAZETTE) کے نام سے ولیم سن(WILIAAM SON) نے ایک اخبار جاری کیا جو مدراس کا تیسرا ہفتہ وار اخبار تھا۔ یہ اخبار کمپنی کے حکام کو پسند نہ تھا چنانچہ اس پر سنسر شپ عائد کر دی گئی۔

مدراس گزٹ کے اجراء کے ایک مہینے بعد ہمفریر(HPMPHREYS) نے انڈیا ہیرلڈ(INDIA HERALD) کے نام سے ایک ہفتہ وار اخبار جاری کیا۔ یہ مدراس کا چوتھا انگریزی اخبار تھا۔ ڈاکٹر عبدالسلام خورشید لکھتے ہیں کہ انڈیا ہیرلڈ حکومت سے اجازت لیے بغیر جاری کیا گیا تھا اس لئے اس کے ایڈیٹر ہمفریز کو فوراً گرفتار کر کے انگلستان روانہ کر دیا گیا لیکن یہ شخص جہاز سے غائب ہو گیا اور پھر اس کا سراغ نہ ملا۔

مدراس میں سنسر شپ

مدراس گزٹ میں ہمفریز نے ۱۷۹۵ء میں کچھ ایسی خبریں شائع کیں جن کی اشاعت گورنمنٹ مدراس کو سخت ناگوار گزری چنانچہ حکومت نے یہ حکم دے دیا کہ مدراس گزٹ کی اشاعت سے قبل اس کے پروف ملٹری سکریٹری کے سامنے معائنے کے لئے پیش کئے جائیں۔ اب تک سنسر کا یہ طریقہ ہندوستان میں کسی اخبار کے ساتھ نہیں برتا گیا تھا ساتھ ہی حکومت نے ایک اور حکم جاری کیا جس کی زد میں مدراس کے اور اخبار بھی آ گئے یعنی محصول ڈاک کی مراعاتیں واپس لے لی گئیں۔ جب اخباروں نے شور مچایا اور اس کے خلاف شدید احتجاج کیا تو یہ طے پایا کہ محصول ڈاک اخباروں کے بجائے

خریداروں سے وصول کیا جائے۔ اس نئے حکم کا اثر براہ راست خریداروں پر پڑا اور اس طرح اخباروں کی قیمت میں اضافہ ہو گیا۔

بمبئی میں صحافت کی ابتداء

ڈاکٹر عبدالسلام خورشید کی تحقیق کے بموجب بمبئی کا پہلا اخبار بمبئی گزٹ(BOMBY GAEZTTE) تھا اور دوسرا بمبئی ہیرلڈ(BOMBY HERALD) بمبئی گزٹ ۲۵ جون ۱۷۹۰ء کو جاری ہوا۔ بمبئی ہیرلڈ ۱۳ر جولائی ۱۷۹۰ء کو جاری ہوا۔ ان بیانات کی تصدیق "کلکتہ کرانیکل" کے ۲۹ جولائی اور ۱۲ جولائی اور ۱۲ اگست کے پرچوں سے ہو سکتی ہے جس کا فائل پنجاب یونیورسٹی لائبریری میں موجود ہے۔ عتیق صدیقی نے ۲۹ جون ۱۷۹۰ء کے کلکتہ گزٹ کے حوالے سے جس میں بمبئی گزٹ کا اشتہار شائع ہوا۔ بتاتے ہیں کہ بمبئی گزٹ میں بمبئی کی تجارتی و تفریحی خبروں کے علاوہ ڈچ اور پرتگالی نو آبادیوں کی خبریں نیز خلیج فارس، جزیرہ آرموز اور مالا بار کے ساحلی علاقوں سے لے کر کیپ کیمرن تک کے دیسی شہروں کی خبریں شائع کی جاتیں اخبار کا سالانہ چندہ چالیس روپے تھا اور فورٹ ولیم کلکتہ اور فورٹ سینٹ جارج مدراس کی پریسیڈنسیوں میں ہی اخبار بلا محصول ڈاک روانہ کیا جاتا تھا۔

حیدرآباد میں صحافت کی ابتداء

مدراس اور بمبئی کے مقابلے میں حیدرآباد میں صحافت کا آغاز تقریباً اسی ۸۰ سال بعد ۱۸۶۴ء میں ہوا۔ حیدرآباد دکن کے پہلے اخبار کے متعلق مولوی نصیر الدین ہاشمی مرحوم لکھتے ہیں:

"حیدرآباد میں بھی اخبار کا آغاز انگریزی اخبار سے ہوا ہے۔ حیدرآباد کا پہلا انگریزی اخبار "دکن ٹائمس" تھا جو ۱۸۶۴ء میں شائع ہونے لگا۔"

"بستان آصفیہ" کے مولف نے اس اخبار کے متلعق مزید صراحت کی ہے اور بتایا ہے کہ یہ اخبار ابتداء میں نو مسلم عبد القادر مرحوم نے سکندر آباد سے جاری کیا، بعد ازاں ڈاکٹر سا سمن اور فالبس وکیل کی شرکت سے چلایا۔ ۱۸۸۵ء میں شاہ پور جی چینائی نے پریس مع ملکیت اخبار خرید کر کے مسٹر گریبل کی شرکت سے چلایا بعد ازاں ۱۸۹۱ء میں سرکار عالی نے مطبع اور اخبار کو خرید کر کے بند کر دیا۔

بنگلور و میسور میں صحافت کی ابتداء

بنگلور و میسور میں انگریزی اور اردو صحافت کا آغاز ۱۸۵۷ء کے بعد ہوا۔ یہاں کے پہلے انگریزی اخبار کے متعلق محققین خاموش ہیں۔ ایسا معلوم ہوتا ہے بنگلور ہیر الڈ یہاں کا پہلا انگریزی اخبار تھا۔ مدراس کے ایک قدیم اردو اخبار "اعظم الاخبار" میں اکثر بنگلور ہیر الڈ کے حوالے سے خبریں شائع ہوتی تھیں چنانچہ ۱۸۵۱ء کے بعض شمارے ہماری نظر سے گزرے ہیں جن میں بنگلور ہیر الڈ کے حوالے سے خبریں جاری کی گئی ہیں۔ یہ اخبار ۱۸۶۹ء میں بھی شائع ہو رہا تھا کیونکہ اس سنہ کے مظہر الاخبار (مدراس) میں بنگلور ہیر الڈ کے حوالے سے خبریں موجود ہیں۔ ڈاکٹر حبیب النساء ریاست میسور میں اردو کی نشوونما میں لکھتی ہیں کہ بنگلور میں دو اخبار جاری تھے، بنگلور ہیر الڈ ہفتہ میں دو مرتبہ شائع ہوتا تھا اس کے علاوہ انگریزی کنٹری ہفتہ وار اخبار بھی جاری تھا۔ علاوہ بریں یہاں صوبہ مدراس کے اخبارات بڑے شوق سے پڑھے جاتے تھے۔

علاقائی زبانوں کی صحافت کی ابتداء

بنگالی:

برعظیم کی علاقائی زبانوں میں بنگال کو یہ فخر حاصل ہے کہ سب سے پہلے اسی زبان میں اخبار اور رسالے جاری ہوئے۔ بنگالی صحافت آہستہ آہستہ ترقی کرتی چلی گئی ۱۸۲۴ء

اور ۱۸۲۶ء کے درمیانی عرصے میں چار بنگالی اخبار موجود تھے، تین کلکتہ میں اور ایک سی رامپور میں۔ ۱۸۳۰ء میں ان کی تعداد سولہ ہوگئی جن میں تین روزنامے بھی شامل تھے، اس عہد کے بنگالی اخبارات میں چند ایسے بھی تھے جن میں فارسی صفحات بھی شامل ہوتے تھے۔ مثلاً بنگادوت فارسی اور بنگالی دونوں زبانوں میں بیک وقت چھپتا تھا۔ راجہ رام موہن رائے نے اپنی اصلاحی تحریک کے لئے بنگالی اور فارسی صحافت کو ذریعہ بنایا تھا۔

ہندی:

ہندی زبان کا اولین اخبار ۲۰ مئی ۱۸۲۶ء کو کلکتہ سے جاری ہوا۔ اس کے ایڈیٹر منو ٹھاکر تھے لیکن ڈیڑھ سال سے زیادہ جاری نہ رہ سکا۔ ۱۸۳۶ء میں کلکتہ سے پرجامتر اور ۱۸۴۹ء مین جگ دیپک بھاسکر نکلا لیکن یہ اخبارات ناکام رہے۔ ۱۸۵۴ء میں کلکتہ سے ہندی کا پہلا روزنامہ سماچار سدھادرشن جاری ہوا۔

تامل:

تامل زبان کی صحافت کا آغاز عیسائی مشنریوں کی سرگرمیوں سے ہوا۔ پہلا اخبار ۱۸۵۵ء میں راج ورنی بودیمنی کے نام سے نکلا۔ اسی سال دنیاور تمانی کے نام سے ایک اور ہفتہ وار اخبار شائع ہونے لگا۔ یہ اخبارات عیسائیوں کی ملکیت تھے ان کا مقصد یہ تھا کہ تامل بولنے والوں میں عیسائی کی تبلیغ کی جائے۔ اس لئے ان میں اس زمانے کے سیاسی اور معاشرتی مسائل پر کچھ نہیں لکھا جاتا تھا ان جرائد کو سرکاری امداد حاصل تھی۔ ان اخبارات نے مقامی آبادی کو کوئی خاص متاثر نہیں کیا۔

تلگو:

ہندوستان میں تلگو صحافت کا آغاز جنوبی ہند سے ہوا۔ پہلا تلگو اخبار ۱۸۳۸ء میں سیتہ بوتا (سچا پیغامبر) کے نام سے بلاری (کرناٹک) سے شائع ہوا۔ بعض محققین کا خیال ہے

ور تا نتی تلگو کا پہلا ہفتہ وار اخبار تھا۔ جسکا اجرا ۱۸۳۸ء میں ہوا۔ ۱۸۴۶ء میں ور تاماتا نرنگنی ہفتہ وار اخبار مدراس سے شائع ہوا۔ اس اخبار کے ایڈیٹر محمد رحمت اللہ تھے۔ انہیں تلگو زبان کے پہلے صحافی ہونے کا اعزاز حاصل ہے۔ ۱۸۴۲ء میں ایک ماہنامہ باتصویر ہفتہ وار السٹریڈر کے نام سے مچھلی بندر سے جاری ہوا۔ اس کا ایڈیٹر ایک انگریز تھا۔ اس اخبار میں عیسائی مشنری کا پرچار کیا جاتا تھا۔ برٹش میوزیم میں قدیم تلگو اخبارات موجود ہیں۔ ۱۸۵۰ء میں تلگو اخبارات کا کافی چلن رہا، مذہبی، ادبی سیاسی اور ثقافتی موضوعات پر قلم اٹھایا گیا۔ ۱۸۶۲ء میں عیسائی مشنری کی جانب سے ایک روزنامہ دن ور تہ مانی مدراس سے جاری ہوا۔ یہ تلگو کا پہلا روزنامہ تھا۔ اس کی خصوصیت یہ تھی کہ اس کی خبریں عوام کی بول چال کی زبان میں ہوا کرتی تھیں۔

مراٹھی:

مراٹھی زبان کا پہلا اخبار بمبئی درپن تھا جو ۱۸۳۲ء میں پونا سے جاری ہوا تھا۔ اس میں انگریزی اور مراٹھی دونوں زبانوں کے مضامین چھپتے تھے۔ یہ اخبار حالات کا نہایت غیر جانبدار جائزہ پیش کرتا تھا۔ مرہٹی زبان کا پہلا ماہنامہ رسالہ ڈگ درشن تھا۔ جو ۱۸۴۰ء میں جاری ہوا۔ ۳رجولائی ۱۸۴۰ء کو خالص مرہٹی زبان کا پہلا اخبار ممبائی اخبار کے نام سے جاری ہوا لیکن چند ماہ بعد بند ہوگیا۔ اس کے بعد کئی اور اخبار نکلے ان میں اپدیش چندریکا ہندو مذہب پر مسیحی مشنریوں کے حملوں کا جواب دیتا تھا۔

علاقائی زبانوں کی صحافت کے اس مختصر سے تذکرے سے یہ واضح ہوتا ہے کہ عیسائی مشنریوں نے اپنے تبلیغی مقاصد کے لئے علاقائی زبانوں میں اخبار اور رسالے نکالے جب ہندو مذہب پر نکتہ چینی کی گئی تو دیسی باشندوں نے اس کا جواب دینے کے لئے اپنے اخبار جاری کر لیئے۔ اسی زمانے میں راجہ رام موہن رائے نے اپنے اصلاحی تحریکیوں

کے لئے بنگالی میں سمبد کمودی اور فارسی میں مراۃ الاخبار جاری کیا۔ قدامت پسند ہندوؤں نے بھی پرانی اقدار کی حفاظت کے لئے صحافت کا سہارا لیا۔ یہ سب اخبار خبروں کے لئے عموماً انگریزی ہمعصر اخباروں کے محتاج تھے۔ ان اخبارات میں مغربی علوم کے بارے میں مضامین بھی چھپتے تھے۔

ماخوذ: جنوبی ہند کی اردو صحافت (۱۸۵۷ سے پیشتر)۔ سن اشاعت: ۱۹۸۱، مصنف: ڈاکٹر محمد افضل الدین اقبال

The earliest journalism of South India. Research Article by: Dr. Mohammad Afzaluddin Iqbal

* * *

صحافت سے متعلق منتخب مضامین کا ایک اور مجموعہ

اردو صحافت : ہند کا ایک منظرنامہ

مرتبہ : مکرم نیاز

بین الاقوامی ایڈیشن منظر عام پر آچکا ہے